OHSAMA BUNKO

なぜか感じのいい人が気をつけていること

山﨑武也

三笠書房

はじめに――「心なごむ感じのいい人」の秘密

あれが欲しい、これが欲しいといったり、もっと金があったらと思ったりしているかもしれない。そのように、さまざまな欲に左右されながら生きている。その中にあって、現在の自分がしなくてはならないことにも追われている。したがって、バラ色の人生などは望むべくもないと考えている人たちも多いはずだ。

だが、そのような日々の中にあっても、なぜ自分が生きていくことができるかを考えたとき、自分の人生を支えてくれる人たちがいるのに気づく。特に身近には、精神的な支えになっている人たちがいる。「空気」のような存在なので、その有り難みを忘れているのである。

そのようにして**自分にとって大切な人は**、**よくよく考えてみればわかるが**、**皆自分に対して親切である。**何か問題があれば、すぐに一緒になって考えてくれる。

外からの目線ではなく、「内からの目線」で相対してくれるので、そこには「共感」という価値の高い空間が生成されてくるのだ。

共感の世界の中では、正直に考えたり振る舞ったりするので、安心して本心をさらけ出して交流をすることができる。このようにして人と人とが「心を寄せ合って」つきあうことができるところでは、心には何らの抵抗もない。「安気《あんき》」が満ち溢《あふ》れているので、まさに「幸せの実現」がなされている。

人々が心から求めているのは、地位や権力、それに伴う名声でもなければ、富の最たるものである「金」でもない。小さくてもいいから、揺《ゆ》るぎのない「幸せ」の空間なのである。その点を今一度よく考えて、いたずらに走り回って、日々の生活、延《ひ》いては人生を複雑なものにしないことだ。

周囲を見回してみれば、「心なごむ感じのいい人たち」がすでにいるはずである。もちろん四六時中そのように振る舞っている人はいないかもしれない。だが、そのように心安らぐ瞬間を見せてくれる人は必ずいる。その時点に焦点を合わせて、自分からもつきあいを深めていく。すると、そこで増幅《ぞうふく》作用が起こり、その時間と空間が広がっていく。

なごみや安らぎこそが、幸せに必要不可欠な最大の要素ないしは内容である。これを手に入れる出発点は、自分自身がそのような価値あるものを生み出したり醸《かも》し出したりしようと努力してみることだ。

人に親切にといっても、目につくような大きな親切である必要はない。人がちょっと困っているのを見たら、ちょっと手助けをしてみればいい。ここでの**キーワードは「ちょっと」**である。「小さな流れも大河となる」であり、「ちりも積もれば山となる」である。

小さな親切であっても、常に心掛けて機会ある度《たび》に実践すれば、その効果は人から人へと波及していく。また、実践を続けていけば習慣になり、身についた行動様式となる。「習い性」となり、自分自身が「感じのいい人」になっていくのである。

山﨑　武也

もくじ

1章

「よく見て、よく聞き、よく学ぶ」人

……お互いが気持ちよくなる「ふるまい方」

2章

どんなことも、「前向きに楽しむ」人
……好印象を与える「ちょっとしたコツ」

3章

人を笑顔にする、「無邪気さ」がある人
……親しみが湧いてくる「感情の表わし方」

4章

「いい距離感」を知っている人
……この「さりげない心遣い」ができますか？

5章

「一歩引いた姿勢」のある人

……聞いていいこと、悪いことの境界線

6章

こんな「機転」がきく人
……「小さな気持ち」を見逃さない秘訣

7章

一緒にいて、「居心地がいい」人

……いつも「心に余裕」を持つために

1章

「よく見て、よく聞き、よく学ぶ」人

……お互いが気持ちよくなる「ふるまい方」

1

「ずっと話していたい」と思われる人

おしゃべりは嫌がられる。その時点で自分がいちばん関心を抱いていることについて、しゃべり始めると止まらない。その話題に対して相手に興味があるかどうかとか、どのような考えを持っているかとかについても、一顧《いっこ》だにしない。自分の心のおもむくままに話し続ける。

話は脈絡《みゃくらく》もなく広がっていくのだが、相手に話をさえぎる隙《すき》を与えようともしない。話し掛けられている側としては、調子に乗っている人の勢いに押されている。その流れを無理やりに止めたのでは、大人気《おとなげ》ないと考えたり、人間関係にひびが入るかもしれないと危惧したりしているのだ。

そこで、極めて消極的な相づちを打ちながら、不本意ながらも話を聞く姿勢を保っている。おしゃべりの中には、得てして自分の主張や自慢が入ってくるので、さらに我慢の度合いを高めていかなくてはならない。

その我慢が限界に達したときは、立ち話の場であれば「ちょっと失礼」といって逃れることもできる。しかしながら、きちんと席に着いている場合は、逃げ場がないので困ってしまう。そこで、次の機会からは、何とかして同席しないようにする。おしゃべりは敬遠される結果になるのである。

自分が何となく人から敬遠される雰囲気を感じることが二度、三度と続くようになったときは、反省してみる必要がある。**人に会ったときに自分が話してばかりいるのではないか、と疑ってみる。**

冷静になって自分が人と話をするときの情況を再現してみるのだ。自分の欠点を自分で認めるのは難しいので、ついひいき目に見がちである。したがって、念のために自分の家族や親友に頼んで、自分の話をするときの様子に関して忌憚《きたん》のない観察の結果や意見を聞いてみる必要もある。ちょっとでもおしゃべりの傾向があったら、大いに自戒自粛する。

「雄弁は銀、沈黙は金」といわれている。雄弁とは人に感銘を与えるような弁舌であって、理路整然とした話しぶりである。ただ、雄弁であっても、カジュアルな雰囲気の中における話し合いや世間話の場では、とかく多弁になったり多弁であると受け取られたりする結果になりがちである。

多弁は聞く人にとっては駄弁となる場合が多い。すなわち、時宜《じぎ》に適《かな》えば銀にもなる雄弁も、ちょっと間違えばまったく価値のない、というよりも逆にマイナスとなるカスになってしまう。「多言は身を害す」という諺《ことわざ》は、そのような事態を示しているといっていいであろう。

✔「うなずく」「相づち」……ちょっとしたことで、聞き上手になれる

昨今は昔と異なってコミュニケーション社会となっているので、仕事の社会で

はもちろんであるが個人的な場でも、「沈黙は金」とはいい難い。黙っていたのでは、何を考えているかもわからない。人と人とがつきあう場では、最低限の発言は必要不可欠である。

自分から積極的に口を開くことは必ずしも必要ではない。相手のいったことに耳を傾けながら、それに対する自分の考えを述べる。ただ、特に社交の場では、**相手の話したことに対して、自分の話のほうが短くなるようにする。**相手の話を自分が取る結果にならないようにする心遣いである。

もちろん、まとまった話になる発言をする必要はない。自分の反応を示すだけでもいい。うなずいたり相づちを打ったりすれば、コミュニケーションが十分に成り立つ。コミュニケーションとは話したり聞いたりして、お互いの心と心とを通わせることである。それが、目的であり、それを常に心の中に刻みつけて人と相対していくのが、コミュニケーションの達人になるコツである。

おしゃべりな人は、その点に対する配慮を全面的に欠いている。そこで、独《ひと》り善《よ》がりな人という烙印《らくいん》を押されて、皆から相手にされないようになる。また、自分がしゃべりまくるのに忙しくなっているので、相手がどのような気持ちで話を聞いているかを考えようとする余裕もない。

ちょっと面持《おもも》ちを観察してみれば、迷惑に思っているのが見てとれるはずである。しかし、自分がしゃべり続けることのみ望んでいるので、自分の目がまったく機能していないのである。コミュニケーションの場では、我を忘れると致命的な結果に終わってしまう。

自分が話したいという欲を抑えて、人の話に耳を傾けようとするのは、人に好感を抱かれる人になる第一の条件である。しゃべることによって人の心を掌握《しょうあく》することはできない。

人の心を受け入れて理解しようと努めてみれば、そこから相手との接点が生じてくる。相手に伝えようとするよりも、相手を受け入れるのが先にすべきことなのだ。

2

「自分の思い」を上手に伝える法

友人たちが集まって一緒に食事をしたらしい。その中の一人が楽しかったことをほかの人に話し、それを伝え聞いた。心の中にちょっとしたさざ波が起こり、穏やかでない気持ちになる。その集まった面々の顔ぶれについて聞けば、自分もその会に加わるのが当然だと思う。仲間外れにされた感じを抱かざるをえない。

そこで、ついひがんでしまう。集まった人たちの中で主導権を握っていると目《もく》される人に対して、嫌味の一つもいいたくなる。そのような気分になること自体は、人間にとって自然な心の動きで、別に責められることではない。

ただ、**その感情をそのまま相手にぶつけたのでは、自分にとって不利な結果になるだけだ。**相手を非難しようとして、「なぜ私を誘ってくれなかったのか」といったとする。

すると、相手は攻撃されたと感じるので、即座に自分を守る術《すべ》を考える。なぜかと聞かれたので、自分にとって都合のいい理由をあれこれと考えて対抗しようとする。

「ちょうど集まろうとする話がまとまったときに、あなたがいなかった」とか、「すぐに連絡がつかなかった」とか、さまざまな言い訳を考えていう。相手を責めるような詰問《きつもん》口調だったので、相手も「反論」をする。

そのために、たとえその場だけの一時的な情況の下であっても、本来は友だち、すなわち自分の味方である人を敵に回す結果になるのである。

さらに、ひがみっぽいという印象を与えてしまうので、相手の心の片隅にであれ「要注意人物」またはその候補者として位置づけられることになる。これは明らかにマイナスである。

友人たちの集まりについて、単なる臆測で何か思惑があるのではないかと悪いほうに解釈したので、不満な気持ちを抱くことになった。その気持ちをそのまま溜め込んでいき、そのはけ口を詰問というかたちで人にぶつけたのだ。

自分が加えてもらえなかったことを知ったときに抱いた最初の感情は、自分も参加したかったという願望であったはずである。それをそのまま素直に表現したり訴えたりすればよかったのである。

そうすれば、相手としても素直に、「今度は必ず」といってくれるはずだ。その場合は、敵と味方とに別れるのではなく、味方すなわち仲間同士の会話となり、その絆《きずな》を確認し合うことになる。

自分の願いが達成されなかったので、その思いを曲げて、ひがむといういびつな感情に発展させていってしまった。自分自身で局面をわざわざ悪い方向へと導いていったのは、自分の心の中にある一時的な不快感を増幅させていったからである。

その原因となった人に自分勝手に罪を着せて、困らせてやろうとか鼻を明かしてやろうとか考えた。相手としては他意はなかったにもかかわらず、あらぬ疑いを掛けて糾弾《きゅうだん》しようとした。いわば、規模は小さいが戦いを挑んだかたちになった。

〝小さいこと〟にはこだわらない

争いの多くは、小さなことでも気に食わないことがあったら、それを取り上げて問題視するところから起こる。

大したことでなかったら、不問に付す。それには、**ちょっとした自分の不満な気持ちを抑える寛大ささえあればいい。**腹の虫が収まらないといっても、それを理性で抑え込むのである。

ちょっとしたマイナスの感情は、大局的な見地に立てば、小さいうちに拭《ぬぐ》い取るのもそれほど難しくはない。つまらないプライドとか世間体とかにかかずらっているから、できないのである。

小事にこだわるのは小人である証拠である。どっかと腰を下ろして、肝っ玉を据《す》えてみれば、大人の風格が出てくる。

ひがんでみせるのは、人間関係の場における駆け引きの一つである。だが、そのストレートでない方式は、いかにも陰湿のそしりを免《まぬか》れない。

感情のおもむくままに流されていって、悪い感情が出てきたところで、それに従って行動してはならない。最初に湧き上がってきた感情に忠実に従えば、それは人間的に自然で率直な行動となって表われてくる。

3
見栄を張らない

誰にでも自分をよりよく見せたいという気持ちがある。そこで、張り切っているときとか人と張り合っているときとかには、精一杯の背伸びをする。

だが、背を伸ばし腰を立てるのはいいが、爪先立ったのでは多少は問題がある。瞬間的にではあれ、自分の背丈以上に見せようとするので、虚偽の要素が入ってくるからだ。

さらに、背を高く見せようとする明確な意図を持って、底を必要以上に厚くした靴をはく人も見掛ける。常に事実を隠して人の目をごまかそうとしていると考えられるので、人格的にも誠実の無さを疑わざるをえない。

このようにする性行のある人は、背の高いのがいいことであって背の低いことは劣ることであると考えている。確かにそのような考え方が一般的であることは事実である。

だが、ありのままの自分を認めて、そこから出発していかなくては、自分の道は開けてこない。身体的な格好だけではなく、身体的な能力や頭脳的な能力についても同様だ。

自分は自分以上にはなれないし自分以下にもならないことを明確に認識したうえで、努力を積み重ねていくのが人生である。その点に関する信念さえ揺るがなかったら、**自分を必要以上に飾ったり見栄を張ったりする必要はない。自分のできる限りのことをしたら、それで十分に満足できる**はずだ。

世間でいわれている基準のすべてに、自分が到達するのは不可能である。もちろん、それを目指して努力するのは、悪いことではないが現実的とはいえない。完全主義を標榜《ひょうぼう》する理想主義、というよりも空想主義でしかない。

その点についてきちんとした見分けがついていないと、つい自分についての事実を隠したり曲げたりして、うそをつきたくなったりついたりすることになる。見栄を張るのはその最たるものである。

見栄を張って何かをいったりしたりするのも、その場限りで後を引かないことであったら、それほどの問題とはならない。当座のご愛嬌でもすむ。いわば旅の恥はかき捨てにも似ている。

だが、長いつきあいのある人がその場にいたようなときは、見栄でいったりしたりしたことは、うそであったことが必ず後から露顕《ろけん》する。自分は口から出任せでいったり無理をしたりしても、人はよく覚えているものだ。**いったりしたりしていることとその人の実像との間にあるちょっとした食い違いが、人々の感覚に違和感を与える。**そこで印象に強く残ってしまうからである。

後から機会ある毎《ごと》に、その違和感の原因を解明しようとして、特に類似した情況の下において、詳しく観察し続けようとするようになる。だが、それは強く意図したものではなく、自分の神経に引っ掛かっているので本能的にする作業である。

もちろん、最初から見栄であると見破られる場合もある。あまりにも普段からの言行や見掛けとかけ離れているからだ。それが一回限りであったらまだいいが、常に繰り返されるようになったら、そのうちに誰も相手にしてくれなくなる。

自分を欺いていないか

見栄はうそをつくことから派生してきたものである。うそつきを信用する人はいない。どこかで必ず裏切られることになるのが必定《ひつじょう》だからだ。

見栄を張ってうそをついていても、そこから努力して見栄であったことを実現すれば、最終的には人も認めてくれるかもしれない。そうなれば、見栄もかわいいもので努力目標であったという結果になる。

その逆で、過去に事実であったことを現在も事実であると思わせようとする人もいる。これも「不実表示」であって、良好な人間関係を維持しようと思ったら許されることではない。過去の栄光や豊かな生活ぶりを自分の頭の中で引きずっていて、それがなくなったのを認めることができない。自分の頭の中だけで夢見ているのであればいいが、それを人にいったのでは、うそつき以外の何者でもない。

昔と現在のギャップを認めたくないので、自分までも欺《あざむ》こうとしている。率直とか正直とかいう次元ではなく、もはや病的になっているので、何らかの治療が必要となる段階に至っている人である。

見栄を張って満足しているのは自分だけであり、それによって損をするのも自分だけである。そこでは、名誉欲的なことをあらわにした欲張りの姿しか人の目には映らない。

物静かで落ち着いた風情の大人とは程遠い存在である。泰然自若《たいぜんじじゃく》をモットーとした言動に徹してみれば、見栄などという薄くて軽い要素が入りこんでくる隙などはない。

4

世の中を素直に直視する

競走や球技などのスポーツでは、勝ち負けは誰の目にも明らかである。ところが、同じスポーツでも身のこなしやその美しさも判定の要因になるものの場合は、審判によって優劣の結果は異なってくる。

機械的ないしは物理的な技術だけではなく、どちらが優れているかを判定する基準は、それぞれの人の価値観によって異なっているからだ。

さらに、芸術の優劣を決めるときは、個人の価値観のみならず好みやそのときの感情によって支配される部分があるので、判断や審査の結果はまちまちとなる。

すなわち、判断をする人によって優劣が決まってしまうのである。

そもそも芸術作品や芸術的なパフォーマンスについては、その優劣を決めることと自体が無理なのだ。人間にできる業《わざ》ではない。強《し》いていうなれば、神のみにできる業なのである。優劣を判断すると称しているが、実際には審査をする人のまったく個人的な価値観と好みによって、選ばれているにすぎない。

したがって、選に漏《も》れたり賞が取れなかったりしたからといって、自分に才能がなかったといって嘆く必要はない。単に審査する人の眼鏡に適わなかっただけである。その人と自分の価値観が異なっていた結果である。

もちろん、審査員はその分野における作品やパフォーマンスの歴史や時代の流れなどを考慮に入れている。さらには、人口に膾炙《かいしや》しているかいないかも、大いに判定や審査の基準に盛り込まれている。それに、ちょっとした新鮮さが織り込まれていれば、人目も惹《ひ》くのでいい評価を受けることができるであろう。

たとえば、主な文芸賞の受賞作品などがいい例だ。選考委員に、新鮮味に欠けて自分にとって刺激になるところがないとか、自分の好みに合わない作品ばかりだとかいって、その役を辞する人がいるのが、客観的な評価基準が存在していないことの証拠である。

作品が質的に優れているかどうかではなくて、世間の人たちに受け入れられるかどうかがポイントになっている。そこで選ばれた作品が、世の中に知られるようになって多くの人々の共感を得るようになれば、優秀であるという折り紙がつけられる。

結局、最終的には、**人気があれば優れていて、人気がなかったら大したものではないと「錯覚《さっかく》」するのだ。**その評価の根底には、一般の人たちの一人ひとりの判断もなければ、好みさえもない。ほかの人たちの思惑や考え方に左右されて、自分もそれに従っている。

「世の中の仕組み」について考える

元々は統一もなければ規律もない「烏合《うごう》の衆」であるが、何かの拍子に誰かが密かに振った采配に影響されて、同じ方向へと向かっていく。そうしなかったら除《の》け者にされる。そのような事態は、群れて動く習性のある人間としては、避けようとする本能的な保身の機能が働いている。

このような現象は、政治の世界ではよく見られることで、周知の事実となっている。特に閉塞感が蔓延している情況の下にあるときは、ちょっと目新しい信条を旗印にした人が出てくる。民主主義のシステムが整っているところでは、そこでマンネリを嫌がっている「民意」を動かすのも、それほど難しくはない。

その民意は知的に考え、将来への洞察力を働かせることのできる民意ではなく、烏合の衆すなわち「衆愚《しゅうぐ》」の民意である。「隣の芝は青いもの」と思い込んでいる人たちの考えである。

デマゴーグ的に動く人にとっては、いとも簡単に操ることができる。実現した暁《あかつき》には、思い描いていた図とは異なった世界になったり、好ましからざる副作用が出てきたりするかもしれない。

そうなると、理想であると思っていたことは、幻想にすぎなかった結果になる。

それは一人ひとりが自分自身で思考を重ねたうえで行動しなかったからである。衆愚の恐ろしさを知る必要がある所以《ゆえん》だ。

以上のような世の中の仕組みや道理を知らなかったら、人々が自分ないしは自分の家族など身近な者に対して行なう評価や判定について、一喜一憂することになる。

そこで、ほかの人が褒《ほ》められたり高い評価を受けたりしたときは、口惜《くや》しがる。そこまでならいいが、その罪もない当人を妬《ねた》んだり、時には憎んだりすることもある。だが、それはまったくの筋違いである。

そのようなときに、**不完全な人間のすべての判断には公平さは期待できないことがわかっていれば、悠然と構え超然としていることができる。**

このようにできるのは、人間の弱さや世の中の仕組みを素直に受け取って、自分自身で「哲学」ができる人である。家族や組織の中でどっしりと構え、その要となるためには、このうえなく必要な資質である。

5

すぐに「ごめんなさい」がいえる

小さな子供のころから、何か悪いことを仕出《しで》かしたときは、親に必ず叱られる。そのうえで、自分が悪かったことを口に出していって、それに対して謝ることを強制されたはずである。人間社会でまともに生きていくためには必要不可欠な行動様式であるからだ。

ところが、大きくなるにつれて、自分が悪かったことを認めると、それが汚点となって現在から将来にわたって不利になることを知る。そこで、言い訳をして少なくとも自分が全面的に悪くないことを主張しようとする。ずるく立ち回るようになるのである。

謝るときは人に頭を下げるので、自分が相手よりも劣っていることを認める結果にもなる。それは自分にとって不名誉なことでもある。そこで沽券《こけん》にかかわるなどと思っている。だが、そのようなときに、自分独《ひと》りで自分の体面を守ろうとしても、まったく意味はないし逆効果でしかない。

というのは、**その場に居合わせた人は皆、誰がどの程度に悪いかを知っている**からだ。知らぬ顔でとぼけていたり下手な言い訳をしたりしても、自分の不誠実さや不正直さを際立たせるだけである。したがって、自分の評判を落とす結果にしかならない。

品格を保つために築き上げたつもりの自尊心も、その根底にうそ偽りがあったのでは、まったく意味がない。そのような自尊心を大事にしようとしているのは本人だけだ。ほかの人にとっては虚栄心としか映らないので、つまらない人という評価を受けることになる。

いさぎよく非を認めなかったばかりに、自分の品位を汚すという、自分の元々の意図に反する結果となるのだ。このように自分の非を認めまいとするのは、自らを不利な情況へと追い込んでいくので、ある種の自殺行為にも等しい。

身の回りで何か悪いことが起こったら、自分が何らの行為もしていなくて関係がないと思っていても、詳細に振り返ってチェックしてみる。そのことに対して、自分の作為だけではなく不作為が関係しているかもしれない。そのようなおそれがあったら、その事実を話して、自分に非があったことを認めて謝るのだ。

人を責める理由を探す前に、自分自身に責任はないかと考える。時には自虐的にも近い行為であるが、そのことによって自分の謙虚さと正直さが前面に出てくる。人間関係の観点からは、自分にとって大いにプラスになることは間違いない。

もちろん、あまり卑屈《ひくつ》になってはいけない。冷静になって客観的に分析して判断していく必要がある。

自分の行動や能力に自信を持って、矜持《きょうじ》を失わないようにする。その間のバランス感覚も駆使《くし》しなくてはならない。

「謝り方」一つで、印象がぐんとよくなる

最近は社会構造も複雑を極めてきたり、人々の強欲《ごうよく》の絡《から》まり方も多岐にわたってきたりしていることもあり、あちこちで不祥事が起こっている。その度《たび》に、組織の責任者がテレビの前で謝罪をする場合が多くなり、日常茶飯事の様相を呈してきた。

だが、その謝り方に真摯《しんし》な気持ちが込められていない場面が多い。ただ深く頭を下げればいいと思っている。手の位置が出鱈目《でたらめ》なので、恭順な気持ちが伝わってこない。自分自身は悪くないのだが、自分の属している組織のために仕方なく謝っているという気配が濃厚である。

組織であれ自分自身であれ、その非を認めて謝るときは、世間や当の相手が注視している。自分に文字どおりスポットライトが当てられているのであるから、一世一代の晴れ舞台にも似ている。晴れがましくはなくて、逆に忌《い》むべきことに

ついてではあるが。

心の底から自分ないしは自分たちが悪かったと反省すれば、謝り方も素直で真情を吐露《とろ》したものになるはずだ。

特定のことについて非を認めて素直に謝ることができて、それを皆が知るようになれば裏表のない人であるという評価になる。すると、何か問題が起こっても、その人が悪かったといわない限りは、何らやましいところはないのであろう、と周囲の人たちは考えるようになる。

自分は関係ないとか悪くはないとか、わざわざいう必要はない。濡れ衣《ぎぬ》を着せられたり疑いをかけられたりする危険もなくなる。最初から白であると、皆が推定してしまうのである。

人々に信頼されるようになれば、あらぬ疑いをかけられることもないし、常に正々堂々と振る舞っていることができる。謝り方一つで人々の臆測からも免れる基盤ができるのだ。

2章

どんなことも、「前向きに楽しむ」人

……好印象を与える「ちょっとしたコツ」

6 簡単に流行に左右されない

ファッション界は一人が独自の傾向を打ち出すというよりも、皆で申し合わせたように同じような流れをつくり出していく。協力して流行をつくって、皆でその流れに乗っていこうとする現象だ。

業界を隆盛《りゅうせい》にしていくための戦略である。前の年にはやったものをすぐに時代遅れにして、新しいものを買わせようとする。時代遅れのものを着ていたら、何か自分だけが取り残されて仲間外れにされたような感じを受ける。インフェリオリティー・コンプレックスを感じさせようとしている。うがった見方をすれば、ファッション界の「陰謀《いんぼう》」であるといえるかもしれない。

いずれにしても、独りで古いものを身にまとったりつけたりしていたのでは、皆と互角につきあうことができない。そのうちに出不精になり、皆と話を合わせることもできなくなる。

その程度がエスカレートしていくと、孤独の淵に沈んでしまう結果にもなりかねない。独りで寂しくしているのには耐えられないのが人間の常である。

そこで、ある程度は「右へ倣《なら》え」をする必要に迫られる。まだ、昨年に買ったコートが十分気に入っていて格好が悪いとも思わないのに、ついショーウインドーに飾ってある新製品を買ってしまう。これは経済的に無駄であるだけではなく、まったく自主性がないことの表われである。

本来、新しいものを身につけようとするときは、**先端を行って目立とうとする気持ちがあるはずである。**だが、過去を振り返ってみたらわかることであるが、結果的には街の中にも新しいものが溢れてくるので、結局は大勢の中の一人になってしまう。

それは自分が流行ないしは時流に左右されて、自主性を発揮していない結果になっていることにほかならない。心の中では仲間に対抗して競おうとする気持ちがあると同時に、同調して一緒になろうとする気持ちもある。それらを両立させようとする矛盾した考え方をしているのだ。

✔「全体のバランス」こそ、おしゃれの決め手

ブランド物のバッグが氾濫《はんらん》にも似た様相を呈しているようになってから久しい。自分自身の持ち物が欲しいはずであるにもかかわらず、皮肉にもそのブランドの名称を皆が宣伝して歩いている結果になっている。

子供のときは自分の持ち物には自分の名前を書いたり貼りつけたりしていたはずだ。街中で自分の名前を見せて歩くのは恥ずかしいかもしれないが、メーカーの名前を見せ回っているのは、あまりにも自主性に欠ける行為といえないだろうか。

そのようなことについて、気がつかなかったり気にならなかったりするのは、まったく自我に目覚めていない幼児と同じであるといってもいいであろう。一人前の人とはいい難い。人形と同じように、自分自身の意志や意見を持っていないと思われても仕方がない。

自我の意識を明確にして自分の個性を尊重する人であったら、世の流れに軽々しく流されることはない。自分自身と人々の将来にしっかりと視点を定めて、自己の独自性を確立して大切にしていく。

もちろん、心とともに視野も広くしているので、世の流れを無視することはない。その中で社会にとって適切で有用であるものもあるので、それは適当に考慮したり取り入れたりする。

ミーハー的な現象についても、それは単に一時的なものではなく、将来の時流に対する先行指標的な役割を果たすものがあることを見逃さない。

服飾のファッションの流れに対しても、同じような姿勢をとる。その中で品のいいものや気の利《き》いたものがあれば、それらを取り入れるのにやぶさかではない。

要は、単に流行に流されるのではなく、自分の個性に合うように上手に利用していくのである。

　自分の頭を使って組み合わせを考えたり、バランスよく全体をまとめていく。家の中では鏡の前に立って、ああでもないこうでもないと試行錯誤を重ねたうえで、「決める」。そのような陰の努力や苦労は表に出てこない。毎日、自分なりにではあるが、どこまでも全体の調和に気を配っているからである。

　アクセサリー一つにしても、自分の身なりの調和を乱さないようにする。もちろん、その点を人に褒められたとしても、得意になって説明したりはしない。それはしたないことだと知っているからだ。ただ褒めてもらったことに対して、感謝の意を表明するだけだ。

　どこまでも、**自分の努力の跡を隠して、「さり気なく」振る舞うのがいい**と考えている。**物理的にも精神的にも「洗練」がキーワード**であることを心得ているからである。

7

会うたびに〝新鮮さ〟のある人

すべて前向きで、ネガティブな話し方になったことがない。物怖じする様子はなく、活発な人という印象しかない。どうしようかと皆が決めかねているときでも、その人がいると何とか方向性が見えてきたり突破口が見つかったりする。

アイデアに富んでいるといっても、常に実行性のあるアイデアが出てくるわけではない。というよりも、ときには空想科学小説にしか出てこないような方法を提案したりする。それを臆面もなくいうのである。最初は皆ふざけているのではないかと考えるが、本人は冗談半分というよりも本気でいっている。

アイデアが枯渇《こかつ》したり障壁にぶつかったりしているときなので、溺《おぼ》れる者はわらをもつかむという心理になっている。そこで、その人のいったことに何らかの意味を見出そうとして、皆も考え始める。皆の頭に揺さぶりをかけた結果になっているのだ。

それぞれが自分なりに発想の転換を図ろうとして、頭の働きを左右に、前後に、上下にあるいは裏表にと、動かし始める。三人寄れば文殊《もんじゅ》の知恵であるし、皆が本気で考え始めるので、いい考えが出てくるし、そうならないまでもヒントくらいは見えてくる。

普通の人の場合には、いろいろと考えてもいい考えや解決方法が見つからなかったら、そこで諦《あきら》めてしまう。だが、こういう人の辞書には、ナポレオンと同じように「不可能という言葉はない」のだ。

この世の中には、問題がある限りは必ず何らかの解決方法があるはずであると思っている。そのような信念で問題にぶつかっていく。

✓何事も、自分の頭で考える

頭の働かせ方も極めて論理的である。ただやみくもに考えをあちこちへと巡らせていくだけではない。加減乗除の計算方式を次々と応用していく。

まずは足し算だ。問題の中にある要素を次々と分析し抽出《ちゅうしゅつ》していって、その組み合わせをいろいろと変えて足してみる。まったく関係のない分野にある要素を持ってきて加えることもある。

次は引き算である。特定の要素を引き出して除いてみれば、元の形や内容も大きく異なってくる。一つの要素を引いても代わり映えがしなかったら、次にもう一つを除くのだ。そのように次々と引き算をするだけでも、様相は大きく変わってくる。

さらには、掛け算もしてみる。要素の一つかいくつかを掛け合わせてみれば、まったく異なったものが生まれてくる。その組み合わせについても、要素の分析を細かくしていけばいくほど、いくつもの異なったものができる。掛け合わせ方を変えてみれば、その結果も変わってくる。配合の仕方によっては、無数の新しいものが創造できるのである。

割り算もしてみる。分析した要素同士で割ったり割られたりした結果は、まったく思い掛けないものが出てくる可能性もある。そこへ外から持ってきた要素を利用した除法を試みてみれば、想像もしなかった答えが浮び上がってくるかもしれない。

四則のテクニックを使っただけで、単なる思い付きではなく、論理的に考えた新しいものを考え付くことができる。何かに行き詰まったときは、加減乗除という簡単な算数をしてみることだ。

足し算をした結果である「和」、引き算をした結果である「残」、掛け算をした結果である「積」、割り算をした結果である「商」には、珠玉のような価値がある可能性がある。それを信じて作業をしていくところに、「創造」が芽生えてくる。

時には暗中模索的にアイデアを探し求めないで、科学的かつ論理的にアイデアを「つくり上げる」ことを試みてみるべきである。

そのようにしてアイデアを生み出す努力を続けている件《くだん》の人には、他人のアイデアを真似しようとする考えはない。真似をするのは口では真似というが、実際には盗用と何ら変わるところはない。最近の言葉でいえば、「パクり」である。たとえ法的には知的所有権の侵害にはならないかもしれないが、倫理的ないしは道義的には、内心忸怩《じくじ》たるものがあるはずだ。フェアな姿勢でないことは確かだ。

人のいいところを見習うのにやぶさかではない。だが、そのまま真似をし追《つい》従《じゆう》して自分の仕事にするのは、いさぎよいこととは思っていない。柳の下にいる二匹目や三匹目のどじょうを狙うのは卑怯《ひきよう》であるとするのだ。人から何かを借りて利を得るのは、潔癖《けつぺき》を旨とする人としては信念に反する。

こういう人としては、常に「頭の体操」を心掛けているので、たとえ年配の域に達してもいつも輝いている。自分の信条を守って突き進んでいるので、老いの要素などが入り込んでくる隙はない。

8

「難しいこと」こそ、チャレンジしてみる

仕事の場であれ個人的な場であれ、しなくてはならないことがいくつかあるときは、どれからしていくか。もちろん、緊急を要することであれば、それを真っ先にするのは当たり前だ。さらに、重要度の高いものを優先的に手掛けようともするはずだ。

だが、締め切りなどの期限がないことや、早くしなくても差し支えのないことについては、人によって手を着ける順序も異なる。簡単なことから先に片づけていって、難しいことは後回しにしようとする人もいる。後者に対しては、腰を据

えてじっくりと時間をかけ、慎重に取り組もうと考えているからである。

一方で、まず難事に全力でぶつかっていって処理したり解決したりしようとする人もいる。一般的には難しいことのほうが重要度の高いこともあり、時間切れになったり問題に立ち向かおうとする気力が衰えたりしたら、満足する結果を出すことができなくなるからだ。また、難しいことのほうを片づけてしまえば、ほっとした気分になって後が楽になるとも考えている。

難しいことをしなくてはいけないと思い続けていたら、そのことがその間ずっと頭の中に残っていて、知らず知らずのうちに、気がふさいだ状態が続くことになる。そのほうがマイナスであると考えているのだ。

それに、**じっくりと時間をかけてしようが、急いで短い時間の中でしようが、要はそのことに対する集中度がどの程度になるかがポイント**である。時間をかけたとしても、いいアイデアが浮かんだりよりよい成果が上がったりするかどうかは、まったくわからない。

のんびりと考えていたのでは、「下手の考え休むに似たり」ということにもなりかねない。かける時間の「量」が多くても、発揮することのできる能力の「質」が劣っていたら、その結果がよくないのは明らかである。

どちらの考え方ないしは行動様式のほうが合理的であるか、わからない。人によって異なるであろう。人それぞれによって、得意や不得意があり、性格も異なっているからである。時と場合にもよるだろう。

だが、難しいことから片づけていく人のほうが前向きで、積極的な行動力のある人だ、ということはいえる。重要度の高いものから処理し解決していくほうが、人生の歩み方としてはより安全であることは間違いない。

✔「後悔しない人生」を送るために

いずれにしても、自分がしなくてはならないことは、自分がしなくてはならない。それを先送りすればするほど、自分の人生が行き詰まってくる確率が高くなる。もちろん、しなくてはならないことを、最後までしないでいても、極端な表現であるが、死刑になることはない。

ただ、それではどこかが欠けている人生になるのではないか。充実した日々を送り、人に後ろ指を指されないで、自分でも満足する人生を全うしたほうがいい。

そのためには、**できるかどうかを悩んだり、難しいことは後回しにしようなどと考えたりしないことだ。**どんなことでも「やる気」にさえなって、立ち向かっていけば、大体は何とかできるものである。「為《な》せば成る為さねば成らぬ何事も成らぬは人の為さぬなりけり」である。

そのようにしてできないことがあったとしても、自分が全力を尽くした結果であれば、少なくとも後悔をすることはない。自分にも能力に欠けたところがあったことがわかれば、自分も人の子であることを確認し、人類への帰属意識を強くすることになる。そこで、少なくとも寂しい思いをすることはない。

難しいこととやさしいことのどちらを先にするかという点については、まったく悩むことのない人もいる。すべてのことを、難易の違いや内容の重要度などには構わず、一つずつ淡々とこなしていく人だ。自分が必要に迫られたり思いついたりしたときに、次々と処理していく。すなわち、自分のところに出てきた先着順に片づけていくのである。極めて事務的に「流して」いく方式であるといってもいい。

もちろん、その場における即座の対応が必要な緊急事態に直面したときは、すべての作業を中断して手段を講ずるのは当然だ。ただそれ以外は、その内容に立ち入らないで、順番にしていくのである。

これができる人は、物事にこだわらない大人風の人である。人生を冷静に生きている人で、この世の酸いも甘いも知っている。価値判断をあまりしないで、「清濁併《あわ》せ呑《の》む」度量がある。

人に頼まれたら何でも引き受けるタイプで、皆からも頼りにされている。人生を悟り切っているので、まったく屈託《くったく》がない。これまた、人を助ける観世音菩薩《かんぜおんぼさつ》のような人であるといってもいいであろう。

9

流れをプラスに変える「考え方」の習慣

嫌なことがあったとき、それについて考えてばかりいたら、その暗いムードから抜け出すことはできない。その原因は自分であれ他人であれ、こうしなかったらとかああされなかったらとか悔やんでいる。だが、過去に起こったことはまさに「歴史的事実」であって、誰も変えることはできない。その点を明確に認識するのが、そこから抜け出す出発点である。

くよくよと考えているのは、その事実のマイナスである点ばかりを見つめて、その周囲をぐるぐると回っているにも等しい。そこでほかのことは目にも頭にも入らなくなって、考えは悪いほう悪いほうへと向かっていく。いわば後悔スパイラルに陥ってしまっているのである。

その渦巻きの引力が強い軌道から脱出して、早く外に向かって逃げなくてはならない。そのためには、どうしたらいいか。自分がそのような情況に置かれている原因を探ってみる。すると、その原因は自分自身の考え方にあることがわかるはずだ。自分が自分自身に対してマインドコントロールを掛けているのだ。

さらに、過去や現在は事実であって、事実を変えるのは不可能である。しかしながら、事実に対する自分の考え方を変えることは可能だ。自分の考え方であるから、自分が変える気にさえなれば、即座にいとも簡単にできる。気力を奮い起こして、考え方をエイヤッとばかりにスイッチするのである。

転んだときこそ、〝足元の宝〟に気づくチャンス

とはいっても、スイッチするには切っ掛けが必要だ。何でも対象となっている

ものから離れられないが離れなくてはいけないと思ったときは、まずその対象を客観的に観察してみることが必要だ。

そこで、自分が後悔をしている事実について分析してみる。自分にとってネガティブであったと思う事実についても、どこかに利点があったはずだ。たとえそうでなくても、役立てることのできる点の一つか二つかはある。

たとえば、仕事の面で大失敗をして自分のキャリアに疵《きず》がついたようなときである。大失敗という事実と疵がついたという事実は覆すことはできない。

だが、そこに至った経過を辿《たど》ってみれば、こうしたからいけなかったという反省点が浮かび上がってくる。それを心に刻みつけて二度と同じ過《あやま》ちを犯さないようにすればいい。

マイナスの結果だけにかかずらっているよりも、それによっていい勉強をしたという経験に焦点を当てるのである。**マイナスだと思った中にもプラスの面を見出して、そこに注目してみれば、心機一転して前向きに進んでいくことができる。**

また、ちょっとした感情の行き違いがあって友人とけんか別れになって、それを思い悩むこともある。

けんか状態となっていることは、ネガティブな感情であるとはいっても、お互いがこれまで以上に相手を意識している結果になっている。けんかをしたときは、たとえ自分に非はなかったと思っても、どこかに至らないところがあったはずだ。

一方が売ったけんかを他方が買わなかったら、けんかにはならないはずだからである。「けんか両成敗《りょうせいばい》」という論理が成り立つ所以だ。

そこで、自分が悪かった点を前面に出して詫《わ》びてみるのだ。それに対して相手も心を開いてくれれば、これまで以上の親交が期待できる。「雨降って地固まる」の諺どおりになるのだ。

このように**自分にとって不利なことや嫌なことも、自分の考え方や視点を変えていけば、すべてポジティブな方向へと転換していくことができる。**「禍《わざわ》いを転じて福となす」ことは一〇〇パーセントはできなくても、少なくとも部分的には大いに可能なのである。

まったく失敗することなく、平坦な道を平々凡々と進んでいったのでは、大きく人の注目を浴びることはない。まともな方策であるとはいえないが、わざわざ大きな失敗をして人々の注目を引いたうえで、その失敗をカバーするようなことを派手にする人もいるくらいだ。

そのような観点に立てば、失敗したり奇禍《きか》に遭ったときは、「奇貨《きか》おくべし」で、それを大いに利用してプラスの結果がもたらされるようにすべきだ。「転んでもただは起きぬ」というくらいの欲深さは、人生にとって必要である。

転んだときは、すぐに立ち上がろうとしないで、周囲をよく見回してみる。すると、立って歩いていたのでは見えない宝物が落ちているかもしれない。

自分にとってマイナスになるものにぶつかっても、それに対する考えを変えれば、プラスに転換できるものがあるはずだ。「人間は考える葦《あし》である」ことを忘れてはいけない。

10

人を最も魅力的に見せる〝表情〟

人のことを思い出したり話題にしたりするときは、大概同時にその人の顔を思い浮かべている。自動的に働くイメージの再生装置が頭の中に備わっているようなものだ。生真面目《きまじめ》な顔、にこやかな顔、嬉々《きき》とした顔、悲しそうな顔、苦虫を噛みつぶしたような顔、人をバカにしたような顔と、千差万別である。

だが、その表情は人によって大体決まっている。その人が会ったときに見せる典型的な表情が、いわば固定化したかたちで頭脳の中に収められているのだ。必ずしも常にそのような顔をしているわけではないが、代表的な例として不動の地位を占めている。

一度くらいいい顔をしたからといっても、そのイメージが簡単に変わることはない。最近会って別れるときに、強く印象的な表情を見せたとすると、それが脳裏に残ることはある。「終わりよければすべてよし」である。

だが、その効果もしばらくの間だけで、時が経てば、また元どおりのイメージになってしまうかもしれない。

ただ、別れを契機として、相手にいい印象を与えるようにすれば、それまでの自分のイメージアップを図ることも可能であろう。いずれにしても、**別れるときには自分のベストを見せることが重要**だ。恋人たちが別れの場面において心情や真情の表現に全力を尽くそうとする所以である。

人にいい印象を与えるためには、にこやかな笑顔がいちばんだ。笑顔は自分が敵ではなく味方であることを示し、友好的に交わっていこうとする意思を表している。笑顔の交換は同じ人間同士であり仲間であることを確認するためには、最も効果的な手段である。

欧米人には、小さな道ですれちがったり、目と目とが合ったりするときは、知らない者同士でも、ほほえみを交わす習慣がある。まだ日本では一般的な習わしにはなっていないので、知らない日本人同士は道端でそんなことはしない。何かの拍子にしたら、変な奴だと思われたり特別な意味があると誤解されたりするくらいだ。

自分は怪しい者ではないとか敵意を抱いている者ではないとかを、相手に伝えるためには有効な方法だと思われる。だが目と目が合っただけで、人によっては変な奴だと思って凝視したと勝手に解釈して、にらみ返さんばかりの様子を見せる人もいる。最近の街中や公共交通機関の中には物騒な人たちもいるので、目を合わせないように気をつけなくてはいけないくらいだ。

「笑顔のいいは七難隠す」

さて、笑顔の効用についての話である。昔の諺に、「色の白いは七難隠す」というのがある。女性は色が白ければそれだけできれいに見えるので、ほかにいくつもの欠点があっても気がつかない、というのである。

今時はそのような考え方は、単に時代錯誤的であるだけではなく偏見であるといって非難されるかもしれない。特に国際的な場においては、禁句でもある。皮膚の色による人種差別にもなりかねないからだ。ただ、ここではその諺をもじりたいだけだ。

すなわち、「笑顔のいいは七難隠す」ということをいいたいのである。人にはいろいろと癖《くせ》もあり欠点もある。だが、**人と接するときにいつも笑顔を絶やさないでいれば、それらのマイナス面がすべて帳消しになるくらいの好印象を与えることができる。**

かなりの年配であるが、頭脳明晰で社会的常識もあり話題の豊富な女性がいる。皆と集まると、常にリーダーシップを発揮して話を進めていく。時どき冗談を交えながら、皆を笑わせることも上手だ。

それだけに話の流れを自分の都合のいい方向へ持っていくきらいがある。適切な話題に関連して、その座にいる人を上手に褒めたりするのだが、その後でどこかに自慢話が入ってくる。昔の楽しかった思い出を話しているときに、自分や家族の古きよき時代の話を言葉巧みに織り交ぜていくのである。

人情の機微に敏感な人は、その話が自慢であることを見逃さない。自分自身に焦点を合わせていく巧妙さに対して、嫌気がさしてくる。しかしながら、それもその瞬間だけであって、その後ですぐに忘れてしまう。

その理由は、彼女が笑顔を見せ続けているところにある。ほほえみや笑顔という温かい空気で、その座にいる皆を包み込んでいる。ほのぼのとした雰囲気が皆の心の中に徐々に浸透していくので、知らず知らずのうちに居心地がよくなっている。

笑顔が静かに深く強力な影響力を発揮して、一種のマインドコントロールをしている結果になっている。**笑顔は表向きは強力な武器ではないが、「細菌」のように人々の細胞にまで入りこんでいって、人を支配してしまうくらいの力がある。**したがって、笑顔に騙《だま》されないようにする必要もある。

3章

人を笑顔にする、「無邪気さ」がある人

……親しみが湧いてくる「感情の表わし方」

11

「自分の心」に素直になる

　その日に予定していた執筆量を早めに終えた夕方の早い時間には、テレビのニュース番組を見ることがある。内外の政治や経済の情勢が目まぐるしく日々、というよりも時々刻々と変わるので、それを知りたいと思うからだ。

　それに、さまざまな形態の犯罪が都会のみならず田舎でも繰り広げられ、かなり生々しい映像が放映されている。

　それらを見ておかないと、人々の考え方や世の中の流れが変わっていく様子を把握できなくなる。また、自分や自分の家族や親戚、それに友人や知人たちの安全を前もって図る術がわからなくなるからでもある。

国民の生命や財産の保護をしてくれて、社会秩序を守ってくれるはずの行政機能にも、あまり期待できない昨今だ。

自衛をする術をあらかじめ知るためには、テレビなどで報道されるニュースや解説は極めて有用となる。その情報を収集しようとして見ているのである。ところが、そのようなニュースらしいニュースをそれほど詳細に報道しないうちに、ちょっと目を外していると、いつの間にか画面が変わっている。

アナウンサーやタレントらしき人たちが、食べ物を食べている様子を映して見せている。男性が大きな口を開けて食べているのも感心できないが、それ以上にうんざりするのは女性の食べ方である。昔風にいうと、「花も恥じらう若い娘」が食べ物に「食らいついている」場面が大写しになって迫ってくる。

もちろん、若い人たちが集まってワイワイガヤガヤと食べているときは、それはそれで若さを発散させている図として、別に問題にする必要はない。楽しむときには存分に楽しむべきであって、それをほかの人がとやかくいわなくてもいい。

また、テレビにも娯楽の要素は必要である。一般大衆にある程度は迎合していかなくてはならない。消費者至上主義の観点からも、そのような方針を加味していくべきである。

だが、それはあくまでも「加味」であって、それが「本流」になってはいけないし、その流れが強くなりすぎて「奔流《ほんりゅう》」になっていくのは避けなくてはならない。

テレビは一般社会に開かれている公共のメディアである。それなりの矜持を持って、社会の方向性を示していくくらいの使命感を抱いている必要がある。**影響力の強い組織に要求される義務である。**そのような意識を欠いているテレビを見る度《たび》に、その前途を憂《うれ》えざるをえない。

✓「人に合わせること」をやめてみる

食べ物を口に入れている若い人たちを見るとき、がっかりするだけではなく、腹立たしくもなってくる。皆が皆、画一的な反応しか示していない。「ウーンこれは」などと唸って喜悦《きえつ》の表情をしてみせるのであるが、それは自分自身の気持ちから出てきたものではない。

おいしそうに食べて見せる演技をしているだけだ。プロデューサーやカメラマンにいわれて踊らされているのが明らかである。テレビについては報道番組ではヤラセがあるといわれている。それは私たちのような素人である一般視聴者にも、そうであるとわかる。

時にはおいしくなかったり、少なくとも自分の好みではなかったりする食べ物に遭遇するはずである。そんなときには、否定的な反応を示したりする場面があってもいい。それでこそ、報道の真の姿である「ドキュメンタリー」に適った番組であるといえ、人々の共感を得ることができる。

台本どおりの演技をしてみせたのでは、洞察力のある視聴者には、そのフィクション性をすぐに見破られる。すると、すべての番組について信憑性《しんぴょうせい》が疑われる結果になって、そのうちに見放されてしまう結果になる運命である。

そこで演技をさせられている人たちは、かわいそうだ。自分の感情の表現を自分の心のままに表現していないので、操《あやつ》り人形になっている。本来であれば若々しく溌剌《はつらつ》とした言動をしているはずの若者が、感情を抑えている結果になっている。本当に自分の好きな食べ物であったら、周囲の人たちやカメラはまったく意識しないで、嬉々とした表情をいわば「傍若無人《ぼうじゃくぶじん》」に見せるはずだ。

人は誰でも、自分の感情に最も素直になって、それが自然に表に表われてきたときがいちばん無邪気でいい。**キーワードは「純真」である。**

不純な要素がみじんもなく、邪念は一切ない。感情にまじり気がなくて、無垢《むく》の状態のときだ。ビジネス的な駆け引きもなく、自分の損得勘定もしないで、さらには権利意識がないのはもちろん、義務感にもまったく縛られていない心の状態の下で感情がほとばしり出たときである。

年配の人でもかわいいとしかいえない場合は、自分の感情に素直で、作意や作為がまったくないときだ。純真には純金の重みがある。

12

相手が気持ちよくなる「褒め上手」「褒められ上手」

私は一九六〇年代に六年間強ニューヨークで会社勤務のかたわら、大学の夜間公開講座に参加していろいろと勉強していた。その中でもマーケティングやファッションに力を入れていた。そこで帰国後二年半くらい経ってから独立したとき、ファッションを主軸においたコンサルタント業を始めたのである。

その商売柄、身につけるものはスーツからアクセサリーに至るまで、人一倍気を使っていたし、その習性は今でも変わらない。寸分の隙もないとはいえないが、服装については自分なりにではあるがかなりの整え方をしていると、多少は自負している。

新調したスーツを着たり、海外旅行の際に気に入って買い求めたカフリンクをつけたり、年齢的には派手気味かと思うネクタイを締めたりするときは、心も弾《はず》んでちょっとした高揚気分になる。そのようなときに、比較的頻繁に会う機会がある女性が、その点を指摘して褒めてくれると、非常に嬉しく思う。

「おしゃれですね」という褒めるときの常套《じょうとう》文句であっても、素直に受け取ることができる。そこで笑顔を見せて感謝の言葉を述べるのである。自分が特別に気を配ったことに気づいてくれたこと、それにも増して自分という人間に関心を抱いてくれたことで、嬉しくなるからだ。

褒めてくれるときのにこやかな笑顔が、少し大袈裟《おおげさ》かもしれないが、天使のほほえみのように見えることさえある。その場に複数の女性がいたら、褒めてくれた女性だけが際立ってかわいい女性に見える。ほかの人が同調して褒め言葉を発しても、それは二番煎《せん》じでしかなく、印象には残らない。

単なる一般的な褒め言葉であったら、通り一遍《いっぺん》のお世辞であるかもしれない。

だが、**特定のアイテムやポイントを具体的に指摘したうえで褒めるので、その気持ちの信憑性が大いに増す。**

しかも、そのピンポイントをしたところが褒められる人が特別に意図した部分であるので、嬉しさも倍増する。褒める人の心と褒められる人の心とが、ぴったりとつながったのである。

褒めれば人は常に喜ぶと思ったら大間違いだ。時と場合を見計らってタイミングよく、ポイントを外さないでしなくてはならない。見当違いの褒め方をしたら、お互いに白けてしまう結果になる。

さらに、褒めすぎると、お互いの感情も浮き上がったものになって、お互いの人間関係にマイナスの効果しか及ぼさない。「過ぎたるは猶《なお》及《およ》ばざるが如《ごと》し」であることを忘れてはならない。極端な場合は、いわゆる褒め殺しになって、敵意の表明と解釈されるかもしれないので、注意を要する。

単に「素敵ですね」とだけいうのは、当たり障《さわ》りのない外交辞令であると解釈されてしまっても仕方がない。常に、自分がそのように感じた理由をつけ加える。

そうすれば、口先だけではないことがわかるからだ。

因《ちな》みに、最近は男性でも女性でも「すごい」という言葉をやたらに発しているのを耳にする。それほど感動している様子でもないにもかかわらず、皆が連発してうなずき合っている。

すごいというのは、恐ろしくなるほどで、その程度が甚《はなは》だしいときに使う言葉だ。現在のように乱発されると、これまた社交的な常套句になってしまうのではないだろうかと懸念される。

こんな「お返し」ができる人

さて、褒められ方にも上手と下手がある。せっかく褒められたにもかかわらず、それを無視したり一瞥《いちべつ》したりするだけの人がいる。

褒めた人を相手にしたくないと思っているのかもしれないし、自分の照れくささを隠そうとしているのかもしれない。だが、それは礼儀に反する。笑顔ととももに、きちんと素直に「ありがとうございます」と礼を述べる。

また、褒められた物について、本人は謙遜するつもりかもしれないが、「これは大したものではない」というのは控える。そういったのでは、相手の審美眼にケチをつけることになったり、自分はこれよりいい物をいくつも持っていると自慢する風情にもなったりするからだ。

さらに、褒められたのを機に、その由来などを一口で説明するくらいはいい。だが、そこで滔々《とうとう》と解説をし始めるのはよくない。ちょっとした褒め言葉の尻馬に乗って得意になるのは、人々の顰蹙《ひんしゅく》を買うことになるからである。

褒められたら、もちろん時と場合によりけりであるが、褒め返すのがエチケットである。どこかにいいところを見つけて、それを褒める。とっさには見つからないときは、次に会う機会までに覚えておいて、そのときに「お返し」をすればいいだろう。

13

人との距離が一気に縮まる「甘え上手」

年配の男性の場合、余程の偏屈者《へんくつもの》でない限りは、若い女性たちに囲まれると気分がよくなり、鼻の下が長くなっている。表向きは平然を装っていても、浮き浮きした気分になっていることは隠しようがない。そこで、すべての面で男性に対するよりは甘くなってくるのは当たり前だ。

特に一緒に食事をするようなときは、少し無理をして、いいところを見せようとする。男性がご馳走する立場に立っている場合は、「どうぞ何でも好きなものを」などといってすすめたりする。とはいっても、普通の男性にはそれなりの予算がある。

女性の側としても、相手がそういったとしても、「何でも」を文字どおりに解釈してはいけない。メニューに「時価」とか書いてある特別に高価な料理は遠慮したほうがいい。高額な宝くじに当たったとか、株などでボロ儲けをしたとか、いわばあぶく銭が入ったような場合でない限りは、椀飯振舞《おうばんぶるまい》をしようという申し出ではないからだ。

そうかといっても、遠慮をしすぎて最も安い料理にしようとするのもよくない。せっかくの好意を無にしたのでは、相手を落胆させることにもなりかねない。ご馳走をしようとする側としても、多少は「張り込ま」ないと、中途半端な供応となる。

あまり有り難がられなかった場合は、使った金のすべてを無駄にした結果にも等しくなる。やはり、**特別の好意を示してくれたといって、相手が感謝するくらいでないといけない。**

その点に関する人情の機微を解して、注文をするくらいの心遣いが必要だ。要は相手の懐具合《ふところぐあい》を読んだうえで、それにふさわしい価格の料理を選ぶのである。

だがそれがまったく見当がつかないときは、どの料理をすすめるかを相手に聞いてみる。そこですすめられた料理、ないしはそれと似たり寄ったりの価格帯のものにすれば無難であろう。

そもそも食事をご馳走しようとするようなときは、男性と女性との間であれ男同士や女同士の場合であれ、相手と仲よくなりたいと思っているからである。初めて会った人が食事を誘うときに、「お近付きのしるしまでに」という台詞《せりふ》をよく使うが、そのときの心理を的確に説明している。

したがって、親しくなりたくないと思っている相手であったら、そのような誘いは断固として断らなくてはならない。誘いに応じた以上は、親しくなりたいと積極的には思っていなくても、少なくとも親しくなってもいいとぐらいは考えていると解される。

ご馳走になったら、その程度には違いがあるが、少なくとも借りができたという心理状態になる。だが、ご馳走をした側としては、貸しをつくったと考えるべきではない。もしそのように考えたとしたら、それは小人物である証拠であり、いずれにしても相手に嫌われる運命だ。そこで「食い逃げ」をされたなどといって下種《げす》張らないで、鷹揚《おうよう》に構えて「去る者は追わず」の姿勢に徹したほうが、自分の品格を落とさなくてすむ。

人にご馳走になるときは、以上のようなことを十分に理解したうえで振る舞えば、その場も和やかになるし、相手との人間関係も以後滑《なめ》らかに進んでいく。それが上手に甘えるコツである。

遠すぎず、近すぎず……この「距離感」が保てる人

相手の好意を素直に受け入れ、ちょっと馴《な》れ親しむ雰囲気を醸し出そうとする。他人行儀にならないように注意して、ちょっとした我がままなニュアンスをところどころににおわせる。**「親しき中に礼儀あり」というよりも「礼儀正しき中に親しさあり」といった感覚である。**

相手がいくらすすめても、ちょっと遠慮した風情も見せなくてはならない。現在のような飽食の時代にあっては、若い人にはわからない考え方かもしれないが、「居候《いそうろう》三杯目にはそっと出し」という感覚も必要であろう。

他人の家に住んで食べさせてもらっている人であっても、その人の好意に一〇〇パーセント甘えることはなく、三杯目のお代わりをするときは、せめて遠慮がちにするのだ。

相手の好意とそれに対する甘えとの間に、絶妙のバランスを保とうとする努力が必要だ。それには、相手の言動を冷静に観察すると同時に、自分たちが置かれている環境も考慮に入れて、相手の真意を把握すべく神経を研ぎ澄まさなくてはならない。ちゃらんぽらんにできる作業ではない。

自分のあらゆる欲を排したうえで、相手の気持ちを先験的に探るのである。相手と自分の呼吸を合わせようとする努力もしなくてはならない。あうんの呼吸を目指してみる。**甘えるというのは単に甘い気分に浸《ひた》って我がままをいうのではなく、相手の気持ちを察して、それに応えていくこと**なのである。

14

自分の失敗を〝笑い飛ばす〟ユーモア

自分の失敗はできるだけ隠そうとするのが人の常だ。自分をできるだけよく見せたいと思っているからである。つまらない間違いを仕出かしたのを人が知れば、能力の劣っている者と見なされる。それでバカにされたのでは、プライドに疵がつく。

特に仕事の場であったら、重要な仕事は任せてもらえないし、したがって重用されることはない。昇進の道は遠のくし、昇給もおぼつかない。だが、神ならぬ身にとって、失敗は付きものであるから、恥ずかしがる必要はない。なぜ失敗をしたかについて、その原因を追究して、二度と同じ間違いをしないようにすればいい。

論語にも、「過ちを改めざる是《これ》を過ちという」とある。間違いを犯すまではある程度ではあれ仕方がないが、それを改めようとしないのがよくない。とにかく反省をして以後注意深くする。犯罪にたとえてみれば、「初犯」の場合は事情によってはまだ許されることもあるが、「再犯」となると厳罰に処せられても仕方がないようなものだ。

ここで失敗というときは、過失によるものに限る。故意によって間違った結果になった場合と峻別《しゅんべつ》しなくてはならない。また、「未必《みひつ》の故意」といわれる心理状態の下の行為で悪い結果になったときも、過失とはいえない。

すなわち、悪い結果になることを意図したのではないが、そうなる可能性があることを知りながらも、いざとなれば仕方がないと腹をくくって危険を冒《おか》したようなときは、単なる過失ではない。乱暴な考え方をしていて思慮が足りなかった。積極的な悪意が少なかっただけで、善意をまったく欠いていたと断じざるをえないからだ。

時には、率先して「笑われる」

さて、失敗をした後できちんと反省をしたら、それだけ人生の経験を積んだのである。自分自身が犯した失敗であるから、その原因や経緯についても詳細にわたり知っている。**自分をこれ以上はない反面教師として、自分自身だけではなくほかの人にも役立たせる**ことができる。

そこで、自分の失敗に関する情報を、日々接する人たちに教えておくのは、世のため人のためになる。とはいっても、家族や親友たちにであればいいが、やはりほかの人たちにはできるだけいいたくないのが普通の人だ。

ところが、天真爛漫《てんしんらんまん》な人がいる。飲食をする集まりなどで雑談の場になると、何かの拍子に自分が失敗した話をし始めるのだ。まずは、「私はドジだから」という言葉から面白い話が始まる。大抵は、人の話をよく聞かなかったり勘違いをしたりしたところから、早とちりをする話などである。

自分自身を笑い話の主人公に仕立てあげて、面白おかしく「物語」を紡《つむ》いでいく。皆の笑いを誘っていくのも上手だ。その笑い話の本人が目の前にいるので、途中で質問をすることもできれば茶々を入れることもできる。皆もすっかり盛り上がってくる。

失敗談には具体性があって、似たような経験をしたことのある人もいる。そうでなくても、少なくとも想像することはできる。自分に引き比べてみることができる。身につまされる話なのだ。

いずれにしても、聞いている人たちには、心密かにではあるが、自分はそのようなバカな真似はしないと思っている人たちもいる。そこで、ちょっとした優越感を味わっているのである。

だが、その人たちでも、話している人をバカにすることはない。逆に、極めて人間らしい失敗なので、人間味を感じて親しみを覚えている。

人間性を共有している結果になるので、その座の雰囲気も和やかになり、皆が楽しみ合う結果になってくる。すると、そのうちに、自分もこんな間抜けなことをしたといって、経験談をし始める人も出てくる。仲間意識が強くなって、皆が気楽に打ち明け話をする環境が整ってきたのである。

自分の失敗談を当の本人が笑い話にしたことが、ほかの人の笑い話を誘発することになった。自分の失敗を話すことによって皆が喜び、それによって自分も人気者の仲間入りができることがわかったのである。笑い話が連鎖反応を起こして広がり、皆の心と心がつながっていく。

人は怒りの対象となるよりも、笑いの対象となったほうがいいに決まっている。同じ笑いの対象であっても、バカにされたり見下されたりするのはよくないが、好意的な笑いは大歓迎であろう。

重大かつ深刻な結果に至る失敗は困るが、日常生活の中で起こる愛嬌のある失敗は、人間の弱みに起因するもので、温かい目で眺めて楽しむことができる。これこそユーモアの要素の多い話で、皆の心からなる共感を得る結果になるのだ。

15

「相手が本当にしてほしいこと」

ビジネスの場では、それぞれに責任の分担が決まっている。仕事をする際に混乱が起こらないように、すなわち仕事の「取り合い」が起こらないようにするためだ。そのようにして秩序のある環境の中で自分の仕事に集中すれば、それぞれの働きが相まって、組織としての有機的な成果が上がる。

組織としては、そのようにして社会貢献をするという所期の目的を達成する。企業の所期の目的は利益を上げることであるという、間違った考え方が一般的になっている気配があるが、この点は今一度原点に返って正しい考え方に改めておかなくてはならない。

利潤の追求は企業が存続するために必要な条件であるが、本来の目的は人間社会のために役立つことをして、できるだけ多くの人たちが幸せになることにある。そこに企業の存在意義があり、もしそれができなかったら、その企業には人間社会における市民権を享受する基盤がなくなる。

自社の利益ばかり求めていたら、短期的には存在することが可能であるかもしれないが、そのうちに必ず社会から見放されてしまう。ただ人々の上辺の欲求や需要を満足させるだけの商品やサービスを提供していたら、束の間の隆盛に浮かれることができるだけだ。

人間は消費者という名前を与えられ、使用できる金を持っていたら、つい不要なものも買ってしまう。一時的な慰《なぐさ》みにはなったり生活が便利になったりするかもしれないが、それが徐々に自分の首を締め、本来の幸せから遠ざかっていく結果になる。

そのような商品やサービスを市場に出していくのは、長い将来に目を向けると、人類の滅亡にもつながっていく危険性が大きい。

東日本大震災によって引き起こされた原子力発電所の事故について、大局的な観点に立って考えれば、原子力は長期的には人類にとってマイナスの要因が大きいものであると結論づけざるをえない。

目先の便利のよさを旗印にして自分たちの利を図ってきた人々や組織の責任は大きい。そのような商品やサービスが、市場に溢れている。その点について反省をしながら、人類の恒久の幸せを目指した道を、自分の企業や自分自身が歩いていく必要がある。

日々の仕事や生活に追われているときは、そのようなことを考えるひまもないというかもしれない。

だが、**時どきでいいから立ち止まって、そのような「ひま」をつくる。**人間として行なうべき道を見極めていなかったら、荒天の下で星も見えないうえにレーダー装置が壊れてしまった船のようなものだ。当てもなく漂うほかない。

仕事の場でも、正しい道を的確に頭に入れたうえで、日々の業務に邁進する。

自分の属する組織の進んでいる方向が間違っていたら自分の考えをきちんと述べてみる。

「世の中はそんな考えをしていけるほど甘くはない」といわれるかもしれない。だが、自分の信条を持ち続けて進んでいけば、それに影響されて少しでも同調してくれる人たちも出てくるはずだ。

✔「親切の押し売り」にならないために

自分に余裕があるときは、進んで人の仕事の手伝いをする。仕事の場も人間が生活をしている一つの場である。あらゆる面で人間的なやさしさや思いやりが必要になってくるときがある。

そこでは遠慮をしないで手を差し伸べてみる。だが、それも押しつけるニュアンスがあってはいけない。相手が手助けを必要としているかどうかを、周囲の諸事情も勘案したうえで判断してからにする。

場合によっては、手伝ってもいいかどうかを聞いてから相手の了承を得る必要もある。

親切な行為も、ちょっと行き過ぎると、お節介になってしまう。すると、親切がかえって仇《あだ》になる。**親切とお節介は紙一重であることを忘れてはならない。**相手の意向に沿わなかったら、逆効果でしかない。

特に仕事の場であったら、下手に手伝ったりすれば、相手の仕事を一時的にではあれ奪ってしまうことにもなる。仕事の内容にもよるし、そのときに緊急性があるかどうかにもよる。

親切の押し売りにならないようにする。売買は売る人がいても、買う人がいなかったら成り立たない。相手に買いたいと思う意思があるかどうかをよく観察し確かめたうえで、「売る」のではなく「買ってもらう」のだ。

16

心の距離がぐっと近づく、こんな態度がとれる人

昔は子供も人に話し掛けられたら、きちんと笑顔で受け答えするようにと教えられていた。ところが昨今は、知らない人に声を掛けられたら、相手にならないようにといわれている。とにかく一目散に走って逃げたほうがいい、とまでいうくらいだ。

さらに、何かものをあげようといわれても、絶対に受け取ってはいけないというのだ。確かに、食べ物などの場合は、製造元や出所がはっきりしないと害のあるものが含まれている危険性もある。

それに、現在はものが溢れている時代であるから、好きなものがどこでも手軽に手に入る。怪しい可能性のあるものを人からもらう必要はない。親が厳選して買ったりつくったりしたものだけを手にしていたほうが安全だ。

大人の世界でも、そのような傾向が知らず知らずのうちに一般的になっている。知らない人が何かくれるといって、たとえ欲しいと思っているものでも、すぐにもらうことはない。もしかしたら身体によくないものであるかもしれないし、菌が付着しているかもしれない。

たとえそうでなくても、何か魂胆があるかもしれない。街中で渡されるものを受け取ったら最後で、交換条件があって何かをする義務が生じる可能性もある。事実、海外などでは渡されるものを受け取ったら金を要求されるといった、詐欺《さぎ》紛《まが》いのケースも時たま見られる。

一時期、都会の街角のあちこちでポケットティッシュを配っていた。中に商品や店舗の宣伝をするチラシが入っているのだが、これを受け取るのは少数派だった。もらったとしても何らの義務が生じないし、ティッシュは大方の人が必要とするものであるにもかかわらずである。

受け取らない人には、やはり警戒心があったり、小さなものであっても無料でもらうのを潔しとしない気持ちがあったりするからであろう。

「人を見たら泥棒と思え」という風潮が徐々に色濃くなってきている。ずるく立ち回る人も多いので、**してやられないように人は最初から疑ってかかったほうが安全だというのだ。一種の性悪説の考え方である。**

人が持って生まれた性質は悪であると考える、本来の性悪説ではない。社会に蔓延している悪に抗していくためには、後天的に性質が悪になったと考える性悪説のほうが現実的だ。性善説に頼っていたのでは、後から悔やむ羽目になりかねないからである。

自分から、心を開いていますか

そのように人が同胞である人に警戒心を抱いているのが、悲しいかな現状である。そのような中で、人なつっこい人に会うと、ほっとした思いをする。初対面では礼儀正しくしなくてはならないので、馴れ馴れしくしないのは当然だ。

だが、すぐに打ち解けてくる。言葉遣いはあくまでも丁寧にしているが、心を全開にして相対してくる。何のわだかまりもなく接してくるので、それに釣られて自分の心も開いていく。相手に警戒心がないのが明らかなので、自分も警戒心を抱いている必要がない。そこで言葉もストレートに入ってくる。百年の知己同士のように胸襟《きようきん》を開いた会話が交わされる。

人と人とが仲よくなるときは、ちょっと距離をおいてお互いを観察するのが出発点である。そこで相手が自分に害を加える危険のない人らしいと思ったら、お互いに少しずつ近寄っていく。その間も全神経を使って、相手の人をためつすがめつ眺めて、さらなる情報収集を試みる。

そのようにして、お互いの距離を縮めていく。相性がいいという判断になれば、近寄っていく時間が短縮される。この際に**重要なのは「お互いに」ということ**である。一方が近づいていっても他方が退《しりぞ》いたのでは、距離が縮まることはない。

自分が近づいていく距離よりも相手が退く距離が長いときは、その「見合い」は決裂である。

人間が仲よくなる流れも、人が動物を飼い馴らそうとするときと、まったく異なるところはない。相手の様子を見ながら少しずつというのが原則である。

ところが、人を疑うことを知らないで人なつっこい人は、この少しずつという過程を一気に飛ばしてしまう。人なつっこさが仲よくなるスピードを加速するといってもいい。

たとえ相手が多少は当惑しても、自分の第六感で信用できる人だと思ったら、相手の心の中へジャンプしていくのだ。窮鳥《きゅうちょう》ではないが、相手の懐に飛び込んでいけば、猟師ならずとも心の広い人であったら、素直に受け入れるはずだ。

ただし、相手の事情や感情を無視して人なつっこすぎるのは、図々しいだけで駄目だ。

4章

「いい距離感」を知っている人

……この「さりげない心遣い」ができますか？

17

手を貸すときほど「さりげなく」が大切

私は茶道に関係する仕事もしているので、大勢の女性が着物を着ている場に身を置くことが多い。着物を着るのは、男性の場合もだが特に女性の場合は、かなり難しい。帯の結び方などについては、一朝一夕にはできない。だからこそ、着付け教室があちこちにあって、着物のきれいな着方を教えている。

また、着付けをするサービスを専門にしている業者もあり、特に成人式や新年には晴れ着を着る若い女性たちで繁盛しているようだ。

茶道の稽古は洋服でもできるが、同じ稽古でも家元の教室でするときは、着物を着るのが原則である。また、茶会のときとかになると、やはり着物でないと様にならないし、雰囲気にも盛り上がりが出てこない。

最初は着付けを専門家や母親にしてもらっているが、しょっちゅうとなると自分独りで着るようになる必要がある。

ところが、まだ下手なので、どうしても帯がきれいに結べない。それに歩いたり座ったりしているうちに着崩れもしてくる。一見しただけで、ちょっと目に余ると思っても、男性の私が指摘したりするのは控えざるをえない。

そのようなときに、年輩の女性が近づいていって直しているのを見ると、ほっとした思いをする。それも、**さり気なくこっそりと、しかも手早く**している。襟元や帯のキーポイントにちょっと手を加えて、きちんとしたかたちにするのである。

「ちょっと、ちょっと」などと呼び止めて、解説を加えながら直していくのも、一応は親切な行為である。修業の場であるから、先輩が後輩の指導をしている一場面として、ほほえましい思いで見ていることはできるし、非難する必要はない。

だが、見方によっては先輩ぶっている気配は拭いようがない。ほかの人という大勢のところにいったときに恥をかかないようにという配慮としては評価はできるが、その当の先輩に対しては、小さいとはいえ恥をかいた結果にはなっている。これでは駄目だといって相手の非を指摘しているからである。

一方、さり気なく直した女性の場合は、マイナス点をつけるという段階を省いて、人の足りなかったところをカバーするという行為へと直接に進んでいっている。自分自身に対しても、恥の対象となるべき点を恥として感じさせないという配慮がなされているのである。

もちろん、きちんと悪い点を指摘したほうが、本人の勉強になるのでいい、という議論もあるだろう。だが、修業の場は、そこで目的となっている特定の稽古《けいこ》事《ごと》やその周辺のことを学ぶだけのためではない。もっと広い範囲まで含めた人間関係一般について勉強して身につける場である。すなわち、人生をいかに生きていくべきかを学んだり悟ったりする「修行」の場にならなくてはならない。

✔「善意」が無駄になってしまうとき

人の失態を指摘するだけであったら、評論家的な姿勢でしかない。さらに、それを直すというのは一歩進んだ行為ではあるが、単なる教師的な姿勢に終わっている。やはり生き方を身をもって実行して人に示すところまでいけば、「道」を実践していく求道者の域にまで到達したといっていいだろう。

求道者というと、俗塵《ぞくじん》を離れた環境の中に身を置いて、ひたすら真理を追求していくというイメージがある。だが、俗世間の中にあって、煩《わずら》わしいことを一つずつできるだけいいかたちでこなしていくことこそが、修行であり道の実践である。

何かいいことをしようとするときは、できるだけ人に知られないようにする。

もちろん、いいことをしたら人に知ってもらいたいと思う欲は誰にでもある。だが、人に知られた途端に、ただ善を為すのではなく、ほかに何か意図があったのではないかと疑われる可能性がある。したがって、自分のしたことに、いわばケチが付いた結果になる。

善行が一〇〇パーセントの善行となるためには、人知れずする必要がある。さもないと、せっかくの善行も偽善であると思われても仕方がなくなる。ましてや善行を宣伝するなどという行為は、はしたないというほかない。

人の恥を指摘したり明らかにしたりすれば、現実の人生や日常生活の中では、自分自身の恥をさらすことにもなる。人の恥に自分の恥を重ねる結果となり、見るも無残な「恥の上塗り」になるのだ。

世の中や人のためになるいいことをして隠していたにもかかわらず、人に見つかることがある。そんなときに恥ずかしそうな風情を見せるような人は、正真正銘の奥床《おくゆか》しい人である。その底知れない奥床しさに引き寄せられて、多くの人たちが集まってくる。それも、最初はちょっとした心遣いが出発点である。

18

人から一目置かれる「とっさの判断」ができる人

「災難に先触れはない」といわれている。災難はいつ訪れるかわからないので、普段からそれに備えておかなくてはならないという心構えを強調したものだ。そのようにいわれても、東日本大震災が起こるまでは、正直なところそれほどの実感はなかった。

それ以前の関東大震災は自分が生まれる以前のことであるし、阪神淡路大震災にしても自分は揺れを直接体験していないので、それほど切実な危機感はなかった。我が身が直接に恐怖の極に陥《おとしい》れられなかったら、結局は「川向こうの火事」

でしかない。口では大変なことだといっても、利己的な人間としては、心のどこかに何パーセントかであれ「自分は大丈夫であろう」と思う気持ちが潜んでいる。

昨今は、日本のどこどこはどれくらいの大きさの地震に襲われるであろうという予測があらゆるメディアを通じて報道されている。その発生の確率は、何年間のうちで何パーセントとかいわれると途端に、不安感に襲われる。

だが、この確率の数字も単なる予測でしかないのであるから、まったく起こらないかもしれないと考えることもできる。

現在の科学の力では、辛《かろ》うじて「予測」すなわち推し測ることができるだけで、「予知」すなわち前もって知ることはできない。そうなると運を天に任す以外には術がない、と考える人たちにも、それなりの理がある。

だが、自分自身をはじめとする人たちの生命に関することであるから、大災害に備えておこうとするのが、大方の人たちの考え方だ。また、原子力発電所の事故によって引き起こされた被害は、過去形ではなく現在進行形である。文字どおり原子爆弾を抱えているのと、まったく同じ情況の下にある。

その被害の今後については、きちんとした「予測」さえもなされていない。政府をはじめとする監督機関や当該企業、それに学者などの専門家と称する人たちの責任感や「使命感」のなさにはあきれ果てて、力なき庶民としては、天を仰ぐのみである。「備えあれば憂えなし」といわれているが、どのようにして備えたらいいかについてもわからないのが現状である。

慌てず、騒がず、俊敏に

だが、**日常生活における事故については、きちんと気をつけていれば、起こらないようにすることができるものが沢山ある。**

たとえば、机の上で茶碗を引っくり返して、書類に水を掛けてしまうような事故だ。それを防止するのは簡単である。水が入った茶碗を机の上に置かなければいい。

だが、不注意な人は、「まずは大丈夫であろう」と考えて、書類が広げてある机の上の横のほうに、茶碗などを置く。普通は問題はないのだが、人が話し掛けてきたときとか電話が掛かってきたときとかに、つい手許が狂って茶碗に触れて、水をこぼしてしまう。

そんなときは、「ああ」とか「ああ、やっちゃった」とかいって悲鳴を上げる。そこでとっさにハンカチか何かを取り出して、水の「被害」がそれ以上に広がらないようにする人であればいい。だが、騒ぎ立てるだけで、自分では何もしようとしない人は少なくない。

特に男性の上司の場合には、その手の人が多い。誰かが助けてくれると思っているのだ。悲鳴を上げただけで、助けを求めるメッセージを発信したので、後は助けてくれる人がやってくるのを待つという姿勢である。

薄情な人は、そのような雑事は自分の役目のカテゴリーには入っていないと考えて、あくまでも傍観者の立場を貫こうとする。「人の不幸は蜜の味」とばかりに、高みの見物を決めこむ者もいる。

だが、機転のきく人の場合には、とっさに自分の近くにあるタオルやハンカチの類《たぐ》い、それがなかったらティッシュの箱を持って駆けつける。**どうしてそのようなことになったかなどの原因を考えることはないし、「大変だ大変だ」といって騒ぐこともない。**

とにかく近くに困った事態に陥った人がいるので、それを助けようとするのである。

食事をしている場でも同じようなことは起こる。食事には飲み物が付きものなので、グラスを引っくり返す事態に遭遇する頻度は極めて高い。もし自分と同じテーブルの人が、そのような過ちを犯したときは、ウエイターなどを呼んで片づけさせたりする人が普通であろう。

だが、それよりも先に、自分のナプキンを使って、こぼれた飲み物を拭き取ったほうがいい。自分のナプキンだけでは液体の拡散を防ぐことができないときは、ほかの人のナプキンも借りる。

テーブルマナーに従って物静かに品よく食事をしていた人が、そのような電光石火の早業をすれば、そこで拍手喝采を博することになるはずだ。

19

多少のことなら「笑って許す」おおらかさ

ある国際的な組織が主催したパーティーの席でのことである。外国の人たちの参加も多く、国際色豊かな集まりであった。私も見知っている各国の駐日大使夫妻も何人か見えていた。色鮮やかな民族衣裳を身にまとって華やかな彩りを添えているのは、アフリカの国々の方々である。

近くにいる人たちの会話を小耳にはさんだ。ヨーロッパのある国の大使も見えているといいながら、ちょっと離れたところに立っている二人連れを指差していた。その国は小国であるが、以前に足繁く通って仕事をしていた企業のあるところだ。

私も話し相手を探していたときなので、早速近寄っていった。相手が大使であるかどうかを確認しようとして、まず男の人のほうに「大使」といって声を掛けた。すると、横にいた女性が「それは私です」といったのである。

ついうっかりして、男性のほうが大使であると思い込んでいた。最近は女性の大使もそれほど例外でないのは知っているにもかかわらず、私の頭の中は旧来の固定観念に支配されていた。そのために失態を演じてしまったのである。すぐに失礼なことをいったといって、丁重に謝った。

ところが、その大使はにこやかにしながら、夫のほうが大使であると間違えられることが頻繁に起こる旨を説明するのだ。

初めて会う知らない人の場合は、そのような勘違いをする人のほうが多いという。私もそのような多数派の一人であるといって慰められた。

間違いをするのが当たり前だといって、笑い飛ばすようにして、自分もその大勢の一人であるといわれると、大いに気が楽になる。

人に恥をかかせないようにしようとする心遣いと、失礼な行為をまったく意に介しないおおらかな姿勢には、このうえない魅力を感じた。大きな心で人を包みこもうとする姿勢の基礎には、揺るぎない自信がある。

最初は実力以下に見られたとしても、そこでそれを指摘して騒ぎ立てたのでは、逆に自分の品格を落とす結果になる。自分自身に自信があったら、会話を続けていくうちに、実力を発揮する機会もある。人柄のよさや心の大きさも自然ににじみ出てくる。

真の実力があれば、人の評価はついてくる

慌《あわ》てて何かをしようとしたら失速する危険性が高い。人が受けた印象を頭ごなしに訂正しようとすれば、自分に対する評価もそれほどには上がらない。逆に、自分の人物の小ささを強調して逆効果になることさえもある。じっくりと構えていたほうが、人の評価も着実に上がっていく。

人が失礼なことをしたのに対して、相手を責めたり怒ったりするのは、自分がバカにされたと思うからだ。自分にそれなりの地位や実績があるにもかかわらず、それを認めてくれていないようなので、いらいらするのである。それは自分が人よりも劣っているのではないかという劣等感の露呈でもある。

真の実力があれば、それに伴なって人の評価も徐々に上がってくる。「徐々に」というのがキーワードだ。少しずつというときは、地歩を固めながら、また同時に周囲も固めながら上がっていく。

したがって、基礎がしっかりしているので、そこから下がることはない。危なげがなく、人が切り崩そうと思っても、おいそれとはいかない。

一方、急激に上に上がったものは、砂上の楼閣《ろうかく》にも等しく、ちょっとした世間の批判や攻撃にさらされると、もろくも壊れてしまう。自分自身も上にいるのに慣れていないし、周囲の確固たるコンセンサスも出来上がっていないので、いざとなると崩れるのも早い。

成り上がり者や成金が、ちょっとした契機で一気に下に落ちることがあるのと似ている。

株も同様で、急激に上がったときは、また急激な下落に見舞われるのが、よく見られる例である。要は、基盤がしっかりしているかどうかの問題である。

私は登山はしないので、よくはわからないが、一気に山頂を極めようとしたら、失敗するはずだ。周囲の情況を見極めると同時に、気象状態も見て、それに合わせて無理をしないで、時には上がったり下がったりする必要もあるだろう。

自信過剰は間違いの素《もと》で、自分の力を客観的な目で眺めていないところから生じる。客観的な見方を徹底的にしながら冷静に判断していくと、どうしても謙虚にならざるをえない。

尊大な人は、自分を客観的に見ることができない。自分を偉いと思いたいエゴの欲が突っ張っているので、ほかの人から見たら実に向こう見ずな言動を平気でする。**尊大にしていて満足しているのは本人だけ**である。

自分のありのままにしていれば、それ以上、下に見られることはない。人に見上げてくれと強引にいえば、逆に見下げられる結果になり、結局は損をする。

20

「小さな心遣い」で、印象がガラリと変わる

自分としては当たり前に行動しているつもりでも、知らないうちに人に迷惑を掛けていることがある。

たとえば、ちょっとした距離を電車などに乗っていくときは、暑かったり気楽にしたりするために、コートや上着を脱いで置いておくことがある。脱ぐときには、周囲にいる人に着ているものが当たらないようにと注意をする。

ところが、降りようとする前には、再び身につけなくてはならない。そのときは大抵の人が比較的無造作に着ようとする。

そこで、横にいる人にだけではなく、前後や通路の反対側に座っている人にまで、着ているものの端をぶつけてしまう結果になる。

降りる用意をするので、自分はそれほどに意識はしていないのであるが、気が急《せ》いているので、注意力が散漫になっているからである。ほとんどの場合、ぶつけるといっても実際には触る程度である。

したがって、事を荒立てるほどのことではないが、周りにいる人にとって迷惑であることには変わりない。

もちろん、眼鏡を掛けている人の眼の近くに当たったときは、眼鏡が外れるくらいの危険性はある。周囲の人に当たらないようにと気をつける必要がある。さらには、勢いよく着たりすると、ちょっとした風が巻き起こってその風圧が人の迷惑になるので、ゆっくりと慎重にする動作を心掛けなくてはならない。

男性は得てして乱暴である。以上のように人に迷惑を掛けそうになったり掛けたりしたときも、本人はまったく気がつかないことが多い。

そんなときに、連れの女性がその点を指摘して注意する。「周りの人に迷惑だから気をつけて」という言葉を聞いただけでも、大いに気が紛れる思いがする。

さらに、実際に上着の端などが当たった人がいるときは、その人に「ごめんなさい」とか「すみません」とかいったりする。そのようにいわれたら、不機嫌になりそうになった気持ちもふっ飛んでしまう。

小さな迷惑であっても、そのままに放置されたら、ちょっとしたしこりが残る。だが、その行為を認めて、それに対して謝罪の言葉が発せられたら、不快感も一気になくなる。そんな小さな心遣いが、その場の雰囲気を和らげるのである。

✔食事の場では、〝小さなこと〟にも細心の注意を

このような迷惑な行為も、乗り物の中ではまだある程度は仕方がない。いわば雑踏《ざっとう》の中だからである。

だが、レストランなどの中では、小さな迷惑というよりも、大きく不作法な行為であるといわざるをえない。食事をしている席では、ちょっとしたほこりでも

立てるのは、まず第一に衛生上にもよくない。

そこで、食事の席で着ているものを脱いだり着たりするのは、できるだけ避ける。そのために、ある程度以上のレストランでは、必ずクロークが設けられている。食事中に身につけていないものは、衣服であれ何であれ、そこに預けるのが原則になっている。

コート類はもちろんであるが、カバンなども預ける。手に持っていっていいのは、貴重品の入っているバッグや女性のハンドバッグくらいだ。

ハンドバッグといえば、これをテーブルの上に置く女性がいるが、どんなに小さいものであってもマナー違反になる。

テーブルの上には、特に食事中は、飲食に必要な食器類以外のものを置いてはいけない。ハンドバッグはものを持ち運ぶ道具であるから、衛生的にも清潔であるとはいえないし食事にはまったく必要がない。したがって、テーブルの上に上がっていく「資格」もないのだ。

食事をしている最中にも、上着などを脱いでリラックスしようとする雰囲気になることはある。もちろんほかの人たちの了解を得たうえでは、そうしてもいい。だが、そのときは細心の注意を払って、周囲の空気に振動を与えないようにする。食事が終わって帰る前に着るときも同様だ。できるだけ出口の近くにまで移動してから身につけるようにしたほうがいい。

いずれにしても、食事の場ではバタバタする音を立てたり、そうすることによって周囲の空気が大きく乱れたりするようなことはないようにする。

それは小さな心遣いであるが、必要不可欠な心構えである。**それが物静かで品のよい行為であるといえる。**自分の言動についてだけではなく、連れの人たちの言動についても、そのようなところまで気を配っていく。

これは心掛けの問題であるが、その都度小さいところまで気を使っていくことなので、常にその場の情況に対して、とっさに気をきかせる機敏さを必要とする。機転のきく人の条件の一つであるということになるだろう。

21

自分が損をしても〝人に尽くす〟とき

嫌なことはできるだけしたくないし、しないというのが人情である。そのようにして一生を生きていくことができればいいが、それはまず不可能だ。

そこで、小さいときから、嫌なことでもしなくてはならないことやしたほうがいいことは、するようにしつけられる。それがうまく習い性となっていけば、しつけが行き届いて前向きに進むことのできる人間が一人仕上がるのである。

だが、大人の世界に入ってくると、皆それぞれに程度の差はあるがずるくなる。嫌なことはしなくてもいいし、しないで避けたほうが結果的にはいいこともある。

ずるく振る舞っているほうが得をする例も、身近で多く目にするようになる。そこで、多くの勤勉な子供の怠け者への転換が起こるのである。

もちろん、この世の中が四六時中勤勉な人ばかりになったら、すべての部分が飽和状態になって混乱が起こり、収拾がつかなくなる。そのような意味においても、怠け者は必要であるし、**本来は勤勉な人も時どきは怠けなくてはいけない。玉石混交の状態になって、初めてバランスが取れた社会になるのである。**

かなり昔の話であるが、私のコンサルティング業務の顧客先でのことだ。頭脳明晰であって勤勉を絵に描いたような女性がいた。骨身を惜しまずに働き、困っている同僚がいたらすぐに手助けをする。

その人が、愚鈍《ぐどん》というほかなく、そのうえに、というよりもそれ故《ゆえ》にであるかもしれないが、怠けているようにしか見えない人の面倒を見ている。ひいきとしかいいようのないような目の掛け方をしているのだ。

前者が後者にいっている言葉を、何かの拍子だが小耳にはさんだ。「さあ、いつも世話になっているので、今晩はご馳走するわ」といっているのだ。そこで、私が怪訝《けげん》な面持ちをしたので、説明をしてくれた。

仕事が遅くて怠けがちな人がいるので、自分がさらにする仕事がある。そのために自分が際立って見えるので、皆、特に上司からの評価も高くなる。したがって、彼女に負うところが大なので、彼女に感謝の気持ちを表明しているというのだ。

それを当の相手がいる前で臆面もなくいうことにも、ちょっと驚いた。だが、そういわれてみれば、その言《げん》にも一理ある。笑い話のようであるが、なるほどと思って感心した。もちろん、当人同士には深い信頼関係があるのが前提となっているからこそ、そのようなことがいえるのであるが。

この話は、単に勤勉な者と怠け者との間とか頭のいい人と悪い人との間とかだけに関するものではない。広く強者と弱者や、余裕がある人と余裕がない人についていえることだ。前者が後者を助けたり支えたりする、理想的な社会の仕組みの構築を目指さなくてはならない。

✔「自分の欲」を捨てる

東日本大震災とそれによって引き起された原子力発電所の大事故に際して、日本が直面した問題の一つでもある。すなわち、ボランティア活動である。そもそもボランティアとは、人に強制されることなく自分から進んで社会に尽くすことだ。

したがって、人がするから自分もするという場合には、厳密には純粋なボランティア活動ということはできない。擬似ボランティア活動である。

だがそれでも、結果的には人々の役に立つのであるから、大いに推奨すべきである。たとえ、**本来の意図が人に後ろ指を指されないようにとか、ちょっとした「売名」にあったとしても、結果よければすべてよしとしたほうがいい。**

たとえ、世の中や人のためにという大義名分を掲げていても、その真意を深く掘り下げていってみれば、そこには「欲」がある。したいと思うからこそするのであって、その気持ちが私欲に基づくものであることは否定できないからだ。だが、そこまで掘り下げていったのでは、日常生活の中では身も蓋もなくなる。

ただ、発想の元は私欲であれ何であれ、たとえ自分が損をすることになっても、人のために尽くすという考え方や習慣を身につけるべきであろう。

人が嫌がることとは皆尻込みする。そんなときは、進んで名乗り出てみる。ほかの人は自分がしなくてすむのであるから、歓迎するであろうし、少なくともできる範囲内では応援してくれるはずである。

また、ほかにも名乗り出る人がいたら、その作業や仕事は譲ってみる。そこで競ってしまおうとしたら、せっかくの心からの熱意も功名心の故であると勘繰《かんぐ》られるかもしれない。そうなると奉仕的な気持ちが元も子もなくしてしまう。

ボランティア精神も、皆の賛同を得たうえで発揮する慎重さが必要である。やはり何をするにしても、最後には自分の欲を貫こうとしないことだ。

22

褒められたら、褒め返す

自分は絶対にうそはつかない、といい切れる人はいない。もし、そういう人がいたら、うそつきだ。人を騙そうとする悪意を抱いて、真実ではないことを口にしてはいないかもしれない。だが、重要度が高くないことについては、日常会話のあちこちでうそをいっている。本人が気がつかないだけである。

たとえば、元気かどうかを聞かれたときに、本当はちょっと身体の調子がよくないにもかかわらず、元気だといっている。仕事の景気はどうかと聞かれたときに、調子がいいにもかかわらず、大したことがないと答えたりしている。

その場の雰囲気で、会話に当たり障りのないようにとか、相手が喜ぶようにとか考えている。議論になるようなことをいって波風を立てたり、ネガティブなことをいって相手が嫌な気分になったりしないようにしている。

また、相手がいったことに対して、自分には異論があったとしても、それは不問に付して相手に同調するようなことをいう。自分が真実と思うことを主張しないのであるから、積極的にではなく消極的にではあるが、自分がうそをいったのと同じ結果になっている。

まさに、「うそも方便」なのである。物事が円滑に進んでいって、人間関係にひびが入らないようにするためには、時と場合によっては、うそをつくことも必要になってくる。特に人間関係の観点から見れば、**うそは不必要な摩擦が起こらないようにする潤滑油**の役割を果たしている。

人間関係はサイエンスの世界ではない。プラスとマイナスがはっきりしていて、一と二を足すと三になるように、明確に割り切って考えることはできない。アートの世界なのである。画一的なルールはなく、時と場合によって、また相手によっても対応の仕方が異なってくる。

その場における雰囲気を的確に読んだうえで、相手にとっても自分にとっても最も良好な結果になるように振る舞う。論理的な考え方に従った言動をすれば角が立つと思ったら、それをちょっとでも婉曲《えんきょく》なかたちにする。

そうかといって、その場がうまくいくことのみを目指した言動をすれば、後から辻褄《つじつま》が合わなくなって、困った立場に置かれることにもなる。

過去の経緯を考慮に入れたうえで、人間関係に支障を来すことなく、将来的にも矛盾が起こらないようにと塩梅《あんばい》しなくてはならない。すなわち、常に総合的な判断をする頭の機敏さが要求されるのである。

才覚ある人は「社交辞令」を上手に使う

相手の人間性に十分留意して気を使うのであるが、そうかといって卑屈になってはいけない。あくまでも自主性を保ち、自分のアイデンティティーを失わないようにする。お互いに対等な立場を維持しつつ相対するのが大原則である。人間的に一方が上で他方が下となるような関係は長続きしない。

相手のご機嫌を取るためのおべっかなどは最も忌むべきことで、相手も高い識見のある人であったら、逆に気分を害してしまうようになる。上辺《うわべ》は丁寧で人を持ち上げるようなことをいっているが、人を正当に評価しているという公正さも欠いているので、礼を失する結果になっているからだ。

相手をやみくもに持ち上げるのではなく、相手の具体的にいいところや優れているところを指摘する。どんなときに誰が見ても、すなわち客観的に異論のない点に焦点を当てて賞賛するのだ。お世辞をいうのは、正確にいうと、うそをついていることになる。うそは不正直であるから、自分の人品骨柄《じんぴんこつがら》を疑われても仕方がない。

自分の人間としての尊厳はどこまでも守り通していかなくてはならない。それは尊大に構えるというのではない。人間同士が相対するときは、常にお互いが公正を貫くという社会的なルールにのっとった言動をするのだ。

以上のような基本的姿勢さえ忘れなかったら、相手が喜ぶようなこともいう。いわゆる社交辞令の類いだ。歯が浮くようなお世辞は、うそのカテゴリーに属する。

一方、部分的に事実の部分を指摘して話の中で浮かび上がらせれば、単なる賞賛の言葉の類いとなる。

賞賛の言葉のやり取りは、上手な社交術の一つである。たとえば、**「いつもきちんとした身なりをしていらっしゃる」といわれたら、「あなたこそ」といったうえで、具体的に特定の部分を褒める。いわゆる「おうむ返し」のテクニック**である。これは極めて簡単で不器用な人でもできる。

感嘆されたら感嘆し返す。されたら同じことをするというのは人間の基本的な行動様式であって、それがプラスの意味を持った内容であれば、和やかな人間関係を維持していく効果がある。

23

「思いやりがある人」こそ、真のマナー上手

夏の暑い日、都心のレストランにおける昼食時である。知人のアメリカ人男性と一緒に約束をしていた時間に訪れると、相手の女性は先に着いて待っていた。初対面であったので、席に着くと早速、名刺の交換をしながら挨拶を交わす。

相手の専門分野について大まかな情報をもらうのが目的なので、相手が客である。フランス料理の店であるが、日本的にウエイターがおしぼりを持ってきたので、それを使う。

アメリカ人の男性は、手を拭いた後で、ちょっと顔にも当てて汗を拭った。事

務所の近所にある店だから、暑い最中であったが歩いてきた。そこで、どちらかというと汗かきの彼としては、顔にも汗が出ていたからである。

それを見た彼女は、日本のおしぼりは手を拭くためのものであって、顔などの汗を取るためのものではない、と彼にいったのだ。笑みを浮かべながらやさしくいったのであるが、大人が子供に教え諭すようないい方であった。彼は軽くうなずくような反応を示して、ほんの少しであったが恥じらうような風情を見せた。

彼は十年以上も日本に住んで仕事をしている。夫人も日本人であるし、その仕事柄からも日本の風俗習慣にかなり通暁《つうぎょう》している。日本の料亭から居酒屋までとあらゆる店で食事をしているので、日本のマナーに対する知識にもかなり詳しい。

一方、彼女は職場では有能とされているが、社会的な観点からすれば、まだうら若い女性である。その女性が初対面でかなり年上の外国人に向かって、ちょっとした行動について問題点を指摘したのである。

もちろん、その意図は正しいマナーを教えようとする善意から発したものであったはずだ。だが、**小学校の先生が生徒に教えるような仕方は、やはり真のやさ**

しさに欠けているといわざるをえない。

それに、真夏の日本で汗をかいたときは、おしぼりを手以外に対してちょっと使うくらいは許されるだろう。

実際に彼もちょっと顔に当てて汗を押さえる程度の使い方をしただけだ。顔をこするようにして拭いたのでもなければ、首周りまで拭ったのでもない。マナーを十分に心得ていればこそできた控え目な行為であった。

「自分に厳しく他人に甘く」がマナーの基本

マナーの原則を金科玉条《きんかぎょくじょう》として守るのは重要なことであるが、まったく周囲の環境が異なっていたり緊急時にあったりしたら、臨機応変に行動する必要もある。ルールには例外があるのだ。

それに**自分自身はマナーを厳密に守るにしても、人に「強制」してはならない。人には人の都合や考え方があり、それはそれで尊重する。**

特に外国の人に対するときは注意深くする。自分は日本人だから自分のほうがよく知っていると思うのは、少しではあれ高慢になっている証拠である。

外国の人の中には、日本のことをよく知っている人もいることを忘れてはならない。謙虚な考え方をしていないと、他国の人に対して傲慢無礼《ごうまんぶれい》な接し方になるので、注意を要する。

「郷に入っては郷に従う」というのは、当の本人自身が持つべき心構えである。すなわち、自分がほかの国に行ったときは、その国の習慣やしきたりに従ったほうがいいという意味だ。

自分の国にやってきた他国の人に、自国の習慣を押しつけてはならない。せめて私たちの国では私たちはこのようにしていますよ、というくらいに留めておく。

マナー一般についても、同じような心構えでいる必要がある。すなわち、自分自身は正しいマナーを身につけ実践する。

人のマナー違反については、その人と親しい関係にない限りは、とやかくいったり直させたりしない。大きな支障が生じなければ大目に見るのだ。自分には厳しく他人には甘く、というのもマナーである。

マナー教室、ないしはそれに類する場でない限りは、人のマナー違反を指摘したり咎《とが》め立てたりしないことだ。**人が気まずい思いをしたり恥をかいたりするような情況をつくり出してはならない。**

マナーの心得について、よく引き合いに出される話がある。正式な晩餐会の席上だ。テーブルの上にはグラス類やナイフやフォーク類がきちんと並べて置いてある。

そのテーブルの中心にはその夜の賓客《ひんかん》である最年長の女性が座っている。グラス類は右側に置いてあるのが自分のものだ。

だが、その女性が左にあったグラスを手に取った。そこで列席の人たち全員も、彼女に倣って左側にあるグラスを持ったのである。

その女性に恥をかかせるのは礼を失するし、テーブルマナーの精神に反する。間違いを次々と継承していくことによって、その場の混乱を避けることもできた。マナーの真髄《しんずい》はその場に応じて適切に振る舞うことにある。

5章

「一歩引いた姿勢」のある人

……聞いていいこと、悪いことの境界線

24

いつでも「親しき中に礼儀あり」を忘れない

好奇心は知識の源泉である。未知について知りたいと思う気持ちが、人々を探究への道へと駆り立て勉学に勤《いそ》しませる。多くの発明や発見も、その出発点には人々の好奇心があった。そこから人類の文明が発展を遂げ、人々の生活が豊かになってきた。

もっとも、そのような人間の努力の成果の中には、結果として人類の将来にとって害になるものも少なくない。研究開発の段階における意図はよかったのであるが、それを悪用しようとする人々がいたからである。特に、自分自身の利をもくろむ輩《やから》の手になると、一見したところはプラスになるようなものでも、大局的または長期的にはマイナスになる。**経済のためとか便利とかの言葉に釣られたり惑わされたりしてはならない。**その善し悪しを見分けるには、バランス感覚に優れた哲学や叡智《えいち》の働きが不可欠になる。その点に対する人々の関心が薄く、論議が真剣になされていない現状に不安感を覚えている人々も少ないようだ。憂えるべきことといってもいいのではないだろうか。

日々懸命に生きていくために忙しく、目先の欲求を満たし足元に火が広がってこないようにするのみで、余力などはないというのかもしれない。

だが、人類の死活にかかわる問題である。少なくとも知識階級に属すると自負する人たちは、もっと本気になって考えたり取り組んだりするべき問題であろう。

初対面の人に聞いてはいけないこと

さて、好奇心の話である。知的好奇心は誰もが歓迎するところであるが、何でもかんでも知りたがるのは困る。特に人の個人的なことに興味を抱いて知ろうとするのは、よくない。

プライバシーには立ち入らないのが礼に適っているし、最近の傾向でもある。**ごく親しくなった間柄でも、聞いていいことと悪いことがある。**あまり立ち入ったことは聞いてはいけない。「それをいっちゃおしめえよ」という台詞があるが、同じように「それを聞いたらおしまいよ」ということができる。

聞いた側の人としては、聞いてみても多分教えてもらえないだろうが、とりあえず聞いてみようとする。駄目で元々という考え方だ。

だが、実際には「元々」にはならない。少なくともお互いの信頼関係には暗雲立ちこめる状態になる。場合によっては、親しい関係にひび割れが生じることもある。相手が内心で「見損なった」という思いを抱くからだ。

また、何かを聞いたときに曖昧《あいまい》で気のない返事をしたときは、そこで質問を打ち切ったほうがいい。「この間の旅行はどうだった」などという問い掛けに対して、相手が「うん、まあまあだった」と答えたようなときだ。

素晴らしい旅であったら、その様子を立て続けに話し始めるはずである。返事に元気がないのは、それについては話したくない証拠である。それ以上の質問はしないで、早々に引き下がったり話題を変えたりしたほうがいい。

相手の心理を推し測らないで、自分の好奇心に従って質問を続けたりしたら、相手の気分を害してしまう。常に「親しき中にプライバシーあり」というルールがあることを銘記しておくことだ。

もちろん、初めて会った者同士の場合は、個人的な情報に関することはできるだけ聞かないようにする。私たちは夫婦でよく旅行をするが、一昔前までは外国に行ってのクルーズに熱中していた時期がある。日本の旅行社が主催する団体旅行に参加するのだが、何から何まで事細かに面倒を見てもらえるので便利がいい。

当然のことながら団体で行動するのであるが、参加者の中に詮索好きな人がいると、迷惑な思いをするのが難点である。

天気がよくていいとか、この景色はまさに絶景だとかいう会話まではいい。どこから来たかという質問に対しては、東京であると答える。するとさらに東京のどこかと聞いてくる人がいる。それに対して港区であると答えるのは、それ以上は詳しく話したくないというメッセージだ。

ところが、さらに詳しく聞いてくる人がいるのには困る。曖昧な返事をして話をはぐらかすと、憮然《ぶぜん》とした面持ちをされるが仕方がない。

後で、ほかの人に同じ質問をしているのを漏れ聞いていると、どこでどのくらいの住居に住んでいるかを聞いたうえで、私自身の下種《げす》の勘繰りといわざるをえないが、相手の経済状態を推測しようとしているようだ。

夫婦でツアーに参加している人が多いのだが、そのような立ち入った質問については、夫人のほうが夫人に聞いているケースが耳に入ってきた。その旅行の期間中に情報を交換しながら仲よくなった人たちもいた。

だが、**個人的なことについて根掘り葉掘り質問をしていた人は、結局は多くの人に敬遠される羽目になっていた**ようである。

25

知らないことは「知らない」という潔さ

この世には知らないことが山ほどある。というよりも、知らないことばかりといったほうが正確である。毎日、毎時間、毎分、毎秒と「未知との遭遇」の連続だ。その都度、頭の中はフル回転をし、心の中ではさまざまな感情が湧き起こったり交錯《こうさく》したりする。

自分がすでに知っているものやこととの類似点があれば、多少は安心して同じように対処しようとする。だが、まったく異質のものやことであったら、それに関する情報をできるだけ多く収集しなくてはならない。

したがって、当然のことながら知っていることが多ければ多いほど、直ちに自信を持って対処ができるので、有利な立場に立っていることになる。

一般的には、知っているほうが知らないよりいいに決まっている。ものを知っている人のほうが知らない人よりも優れていると評価される。そこで、たとえ知らなくても知ったかぶりをする人がいるのである。

もちろん、会話をしている最中には、知らないことが出てきても、そこでいちいち質問していたのでは、話の流れが続かない。不本意ながら知っているように装って聞く必要がある場合もある。

後から相手やほかの人に聞くなり、自分自身で調べるなりして、知識の補充をすればいい。知らないにもかかわらず、自分が知っているように装って、自分の体面を守ろうとする意図があるのがよくないのだ。

社交上の観点から、知らないと積極的にいわないほうがいい場合もある、というくらいに考えておいたほうがいいだろう。

もちろん、仕事の場では、知ったかぶりは極めて危険な要素を多分に含んでいる。皆が正しい情報を共有しているという基礎の上に立って、お互いに協力し合ったり補充し合ったりして共通の目標を目指している。そこで、知っていると思った人が実際には知らなかったとなると、全体の計画が崩れてしまう。

「知ったかぶり」で、信頼されなくなる人

私が外資系の会社にかかわっていたとき、秘書の採用に際して面接の手伝いをしていたことがある。私としては、仕事のスキルも大切だが、それ以上に人物の誠実性や信頼性に重点を置いて選考をしていた。

仕事の能力に極めて優れていて英語もできる女性が応募してきて、面接をした外国人の全員が及第点をつけていた。

私が最後に面接をしたのであるが、あまりにも明るくあまりにも調子がいいので、上滑《うわすべ》りの感を禁じえなかった。その業界の知識も豊富であったが、それだけに渡り歩いているという軽さが気になった。

そこで、さまざまな角度から質問をした後で、最近の業界の方向性について私の意見などを交えて雑談的な話をした。私のとっさの思いつきであったが、専門用語をいくつか並べ、その中にでたらめな造語を入れて私の感想を述べて、相手の同意を求めた。

まったく存在しない言葉をいったときに相手の顔を注視していたが、何ら怪訝な面持ちもしなかった。面接の主な部分が終わっていたので、気が緩《ゆる》んでいたのかもしれない。もしそうであったら注意力散漫であると断じざるをえない。また、私の意味不明の造語を知っているふりをしたとすれば、不誠実で信頼できない人である。

そこで、私は落第点をつけたのであるが、ほかの人たちの評価がよかったので、彼女は採用されることになった。ところが、三カ月も経たないうちに、彼女の仕事のスピードは速いのだが、ファイルの仕方がいい加減であったり時どき早とちりをしたりするといって、問題となった。結局は辞めさせる結果になった。

私としては、人を引っ掛けるような、ずるい手法を使ったことには内心忸怩たるものがあって、後味はよくなかった。だが、彼女が多分知ったかぶりをする人であることを見破ることが簡単にできたことについては、私にも不誠実な部分はあったが、一応は納得のいくケースであった。

知ったかぶりをする人であったら、その人のいうことの一つひとつが信用できなくなる。知らないことを知らないといえば、ほかのことについては、すべて知っていると想定できるし、人のいうことも正しく理解していると考えていい。したがって、重要なポイントであっても、一つひとつ再確認をする必要もない。

論語にも、「知らざるを知らずとせよ是知れるなり」とある。特に人と相対するときは、知らないことは明確に知らないというのだ。積極的に自ら知らないといわないで黙っていたら、人は知っていたり理解したりしているものと解釈する。

知らないというのは、時には勇気を要する。自分の弱みを自ら進んで見せるにも等しいからだ。それだけに潔さが感じられるので、人に与える印象はよくなる。

26

謝るとき、断るとき「余計なこと」は一切いわない

自分が失敗したり間違ったりしたときは、とにかく直ちに謝る。その際は平身低頭してひたすら自分の至らなさについて、許しを乞《こ》う。その理由については、相手が聞いてきたときにのみ、要点だけを簡潔に説明するくらいがいい。

その潔い態度は、自分の過ちを認めて一身に責任を負う意思を表明することになるので、相手に必ず好印象を与えるはずである。

自分の過ちの理由をくどくどと述べたのでは、それでなくても気分はよくない相手を一層うんざりさせる結果にしかならない。しかも、自分が全面的に悪かっ

たのではないといって言い訳をするニュアンスが強いと、見苦しい。

中には、自分の失敗や間違いの原因が自分以外にあるような言い方をする人もある。さらに、たとえ部分的にであれ、ほかの人に責任をなすりつけるようなことをいうに至っては、もはや自主的には行動をしていない証拠を見せたようなものだ。信用できない人という烙印を自分自身で自分に押したにも等しい結果になっている。

言い訳をしたら、本人は自分自身の名誉を保つことができると考えているのだが、ほかの人から見たら、逆に品格を下げて人から相手にされないようになる道を走っているとしか思えない。

スポーツの試合に負けた場合の態度と同じだ。未練がましいことをいわないで、潔く敗北を認めて、自分の力が足りなかったことを表明する。そのスポーツマンシップやスポーツウーマンシップないしはスポーツパーソンシップを見習うべきであろう。

また、「敗軍の将は兵を語らず」を座右の銘とするのもいい。失敗した人には、その失敗についてあれこれと意見や感想を述べる資格はない、と肝に銘じておく。負けたのであれ失敗したのであれ、とにかく神妙にして黙って裁きに従うほかない。スポーツにせよ戦いにせよ、負け惜しみをいうのは、その惨《みじ》めな姿を際立たせるのに役立つだけだ。勝負がついたときは、心ある人は勝者のみならず敗者の言動にも注目している。桜の花の散り方にも似ている。この世に未練を残さずに美しく散っていけば、それに対して人々は称賛の言葉を惜しまない。

失敗したときも成功したときほどでないが、立派な人物であるという評判を広めるチャンスである。一世一代の「晴れ舞台」であると思って、すっきりとした姿勢で臨んでみたらどうだろうか。自分にとってマイナスであることに関して振る舞うときが、自分の真価の見せ場である。

〝曖昧な言い方〟が正解になるとき

また、相手の意に沿えないときには、ただ単にノーというだけでは愛想がない。

会合などに参加するようにと誘われたような場合であるが、参加できなかったら、その理由も述べて断るのが親切である。

だが、そこでその機会を利用して、自分がしていて誇らしく思っていることを「宣伝」しようとする人がいる。たとえば、大きなプロジェクトの責任者となって日夜忙しい思いをしているので時間がない、とかいう類いである。

大きなプロジェクトとか責任者とかの言葉を使うので、自分がいかに重要な地位を占めているかを宣伝するにおいが出てくる。いつもより忙しい仕事に取り組んでいるので、とくらいにいっておいたほうがいい。淡々と事実を述べるに留めておくのである。宣伝がましいことをいうのは、自慢をしていることでもある。

参加への単なる誘い掛けを奇貨として、自己宣伝ないしは自慢をするのは、さもしい根性であるといわざるをえない。人情の機微に通じた人には、立ちどころに心底を見届けられてしまう。

そもそも自慢というのは、いっている本人の利己的な自己顕示欲が表に出たものので、感心させようと思った相手からは、逆に軽んじられることになるだけだ。

本人がその時点でちょっとした満足感を覚えるだけで、自分の品格という大切なものを落としている。**自慢はまったく割りに合わないものであることを知らなくてはならない。**

また、誘いを断る言い訳として、重要な会合があるからなどという人もいる。相手が皮肉なものの見方をする人であったら、自分の誘いは重要でないと断じられたにも等しいと考えるであろう。

時と場合によっては慇懃無礼《いんぎんぶれい》と解されるおそれはなきにしもあらずだが、先約があるといっておいたほうが無難だ。この世では先着順というルールには、普遍的なルールとして万鈞《ばんきん》の重みがあるからだ。

また、どうしても都合がつかないとか、よんどころない用があるとかいって断るのも角が立たない。理由が曖昧であるだけに婉曲な表現になっているからである。

27

人間関係を深く強くする「口が固い人」

自分が興味を抱いたことがあったら、すぐそれを口にする人がいる。知っている人に話し掛けるのは当たり前であるが、知らない人に対しても気軽に声を掛ける。道を歩いているときにちょっとした人だかりがあると、もちろんどんな人でも、何が起こっているのだろうかと興味を抱く。

だが、ちょっと見ても大したことではないと思ったら、普通の人は通り過ぎてしまう。黒山のような人だかりがしているときに、急いでいなかったら、寄っていって見るくらいだ。それでも近くにいる人に聞いてみるようなことはしない。

ところが、そういう人は自分の目に入ってくる光景を見ただけでは満足しないで、誰彼なしに何がどうなっているかを聞く。交通事故であれば一目瞭然で大体の情況はわかるはずなのだが、それ以上の情報を手に入れようとするのだ。それも最初からタメ口をきくので、無視する人もいる。

だが、野次馬に加わっているような人は、そのようなことには頓着《とんちゃく》しない人も多いので、それまで見聞きしたことを話してくれる。そこで、野次馬の群に加わるのが遅かったにもかかわらず、より多くの情報を収集する結果になるのである。

テレビドラマのロケやモデルの撮影などにでくわしたら、熱心に見入ってしまう。そのうえで、その作業のスタッフでひまそうにしている人のところに行って、いろいろと質問をする。

スタッフもきちんとした許可を取っていないで公の場を利用している場合もあるので、あまり邪険にはできない。そこで、友だちとの会話に使える話題の種を仕入れることになる。

このようにして情報通になる。さらに、それを友だちに話せば、皆も関連していることで知っている情報を話してくれる。

そこで、本人の情報量はさらに多くなっていく。**情報はばらまく人のところに集まる、という原理が成り立つのである。**となれば、いつも新しい情報を沢山持っている人は、一般的には口の軽い人であるともいえるであろう。

したがって、あまり人には知られたくないようなことは、そのような人には話さないほうが安全だ。ここだけの話であると念を押しても、必ず人に漏れる。このような人にとっては、「ここだけ」という場所が次々に増えていくだけである。

一度失ったら、取り返しがつかないもの

大体、人にいわないでくれとか秘密の話だとかいうと、聞いた人に与える印象は特別に強くなる。ただ、さらっといったのであればすぐに忘れてしまうようなことも、もったいをつけていったので、重要なことだと思う。いわば秘密という付加価値がついたので、重要度が高まったのである。

価値がある情報であれば、親しい人にも分けてあげたいと思うのは人情だ。そのようにして伝達が連鎖反応を起こして広がっていく。秘密はいったん漏れたら最後で、関係者のみならず一般の人にまで伝わっていって、公の話となってしまう。

ここだけの話であるとか、人には絶対に漏らさないでくれとかいって打ち明けられたら、それは心の奥深くにしまい込んで、固く封印をする。できれば、自分の記憶からも消去しようと心掛ける。

うっかりしてでも漏らしたら、それを打ち明けてくれた人への重大なる裏切り行為になる。打ち明けるのは信頼してくれていたからこそである。それに対しては秘密を死守するのが人の道である。

もし、その信頼に応えなかったら、二度と信頼されることはない。表向きは仲よくしてくれたとしても、真の人間関係は断絶しているはずだ。

人の信頼を勝ち得るには、弛《たゆ》むことない努力を要し時間もかかる。しかしながら、いったん手に入れていた信頼にひび割れが生じたら、それを回復するのは容易ではない。最初に得るのに要した努力や時間では足りない。より以上で何倍ものエネルギーを費やさなくてはならない。

また、たとえそうしたとしても、元通りの人間関係に戻るのは至難の業である。否、不可能である場合のほうが多い。「覆水盆《ふくすい》に返らず」であり、「破鏡《はきょう》再び照らさず」である。それは「前科」と同じであって、一生背負い続けていかなくてはならない。

ちょっと軽はずみに漏らした一言で、それまでの信頼を一瞬のうちに失うのである。**人にいわないと約束したことは、たとえ配偶者や親兄弟にもいってはならない。**口にはチャックをして、さらにそれに鍵を掛けるくらいの用意周到さが必要だ。

たとえ小さな秘密でも約束した以上は、自分の墓場に一緒に持って行く。その心構えが人から信頼を得るための条件である。

28

「悪口・噂話」にはかかわらない

目の前に当人がいたら、悪くはなかなかいえないものだ。本当のことであっても、おおっぴらにいえば、当人としては気分のよかろうはずがない。場合によってはけんかを売ることにもなるし、少なくとも人身攻撃をすることになる。できるだけ敵をつくらないで皆と仲よくしたいという本能的な欲求に反する。

だが、ビジネスの場などでは、さまざまな場面で白黒をはっきりとつける必要がある。組織の中では、社会のために尽くすと同時に自分の生計を立てていくという共通の目的がある。それを達成するためには、個人的な感情よりも組織の利益を優先させなくてはならない場合が多々ある。

そこで、その方向に沿わない行為があったときは、個人の悪い点を指摘して矯正する必要が生じてくる。それが結局、組織とその中にいる人たちの利につながっていくからである。単に個人的感情に従ってでない限りは、仕事上の事実に基づいて人のことを悪くいうのは許され、これは悪口のカテゴリーには属さない。

悪口というときは、個人的な感情が入っている。人の悪い点を指摘するだけでなく、それは悪いことだという価値判断を伴っているからである。

そこで、いわれた側としては、実際には悪いと思っていても、異なった価値観を持っているので、それをとやかくいわれる筋合いはないと考える。人が感情をぶつけてくるので、自分の感情が害される。

言い換えれば、人の悪い点を指摘するときに、自分の価値観に従って相手を責めるような言い方をするので、悪口をいうと解されるのだ。もし、相手の悪い点によって、自分やほかの人たちが困っているとか、迷惑を被《こうむ》る結果になっているとかいえば、多少は婉曲な言い方になる。相手も真っ正面から攻撃されたとは必ずしも思わないからだ。

ただ、当人のいないところで悪くいう陰口は、いずれにしても避ける。その場で当人が自分を弁護するために、事情や経緯を説明する機会もないので、不公平であるからだ。それに、陰でこそこそいうのは公明正大を欠いているので、陰気で品のない人と評価されてしまう。

特に、噂話は慎む。人から聞いたり単なる臆測であったりする話には、確たる根拠がない。それを軽々しく口にすれば、聞いた人がさらに曲げたり尾ひれをつけたりしてほかの人に伝えていく。それは当人にとってこのうえなく迷惑なことである。そのよくない流れに自分も加担した結果になる。そうなれば、世間の自分に対する評価も下がるのは間違いない。

✔「言わない・聞かない」が自分の身を守る

悪口や噂話については、自分が発信者になるのはよくないが、中継者になっても同罪である。その通信ネットワークには一切かかわらないのが賢明だ。すなわち、その電波が入ってきそうになったときでも、直ちに電源を切って電波を受け付けないようにする。

人の悪口や噂話であると思ったら、それには耳を貸さない。複数の人たちと一緒にいたら、すぐにその場を外す。「ちょっと失礼」といって、電話を掛けにいくふりをしたり、トイレに行ったりすればいい。

「李下《りか》に冠《かんむり》を正さず」という諺は、李《すもも》の木の下で冠を直したら、李の実を盗んだと疑われるので、疑わしい行為はしないほうがいいという教えである。それよりもさらに身の潔白を示そうと思ったら、李の木の下に行かないことだ。そこで、「李下に入らず」のすすめである。

悪口や噂話の飛び交っている集団からは逃げていくのが、最も安全な方法である。「君子危うきに近寄らず」で、その場から離れた場所に身を置くのだ。

二、三人以下のごく少数の人がいるところで、悪口や噂話が始まりそうになったときは、できれば「そのような話は聞きたくない」といえばいい。

話そうとした人の気分を害する可能性もあるが、勇気を出していってみる。少なくとも長期的な観点からは、大した問題にはならないはずだ。その清廉潔白な考え方と毅然《きぜん》たる態度は必ずや理解され、同調する人たちが自分の周りに寄ってくる。

悪口に対しては、耳を傾けただけでも、積極的に異論を唱えなかったら同調したものと見なされる。ましてや、相づちを打ったりちょっとでも同意するジェスチャーを見せたりしたら、「あの人もそういっていた」などという話が伝わっていくことになる。**一切かかわりを持とうとしない姿勢を貫く**必要がある。

悪口をいわれたり噂話をされたりした人は、いつかはどこかでその事実を知ることになる。そうなると、それにかかわった人に対して悪感情を抱かざるをえない。それは悪口や噂話を、たとえ一時的にではあれ楽しんだことに対する、当然の代償である。

29

どんな仕事にも決して手を抜かない人

私にも持病があり、そのために定期的に病院に行く。その度にまず採血をして検査をした後で、医師の診断を受ける。

いつごろからか、どの病院でも検査の前に看護師に自分の名前をフルネームでいえといわれる。間違った患者を相手にして、採血をしたり注射をしたりすることのないようにするためだ。

患者を取り違えて手術をしたとか、点滴をしたとかの事件がいくつかメディアでも問題になってから、どこの病院でもするようになった手順の一つである。

自分の名前をきちんといわされるのは、最初ちょっとした抵抗感があった。子供のときに返ったような気がしたからである。

だが慣れてみれば、**万一にも起こるかもしれない間違いを防ぐため**であるから、それほど気にはならなくなった。特に大病院であれば、連日多くの患者がひっきりなしにやってきて、待合いのフロアには人が溢れている。特に注射などの場合には次々と作業を進めていかなくては、時間内に診療を終えることはできない。

流れ作業的に大勢の患者を扱っていくのであるから、あちこちにチェックポイントをつくっておく必要がある。それぞれに受診カードを持たせ、その都度本人かどうかを確かめないと、間違いが起こる確率は高くなる。

医師や看護師が患者の顔をよく見知っている場合でも、記憶に従っていたら、何かの拍子に思い違いが起こることもある。

念には念を入れよである。患者の識別に間違いがあったら、場合によっては生命にかかわってくるかもしれない。単に間違いました、申し訳ありません、というだけではすまない大事件になる。

何年か前に鼠径《そけい》ヘルニアの手術を受けたのであるが、そのときには前々日に病室に具合を見るためにやってきた医師が、切開をする場所にマジックマーカーで印をつけた。左右を間違えることがあるのでというのが、その説明であった。

次々と手術をしていく対象物の一つとして扱われている感じを受けて、ちょっと情けない思いをしたものだ。だが同時に、万一の間違いを防ごうとする用意周到さには感謝する気持ちもあった。

「初心」に返って、小さなミスを防ぐ法

生命を扱う医師や看護師が、「千丈《せんじょう》の堤《つつみ》も蟻《あり》の一穴から」を忘れないで、細心の注意を払って万全を期している姿勢を垣間見て、ちょっと安心したのも事実であった。

ただ、その周辺にいて働いている人たちが、名前を識別する際にもそれほど神経を使っていないのを見ると、病院全体に対する信頼が揺らぐこともある。

つい先日のことだが、持病の定期診療のときの話である。その病院で薬を渡してくれる人に嫌な思いをさせられた。薬の引換券を渡すと、薬を渡しながら、「前回と同じですね」というので、「いや、錠剤の一つの数量が変わったはずです」と答えた。すると、手許にある書類と薬の袋を見比べながら、「ああ、そうですね」という。

それから、「ヤマザキさんですね」と聞く。順序が間違っている。まず渡そうとする前に名前を確認するべきである。そこで、私は「いいえ。ヤマサキです」というと、少し慌てて「そうですね。ヤマサキタクヤさんですね」という。

私はさらに訂正しなくてはならない。「いいえ違います。タケヤです」といった。私も最近は年を取って多少は人柄も丸くなった。血気盛んなときであったら、多分怒髪天《どはってん》を衝《つ》かんばかりに怒っていたはずだ。

薬を手渡すという単純な仕事の中で、真っ先に名前を確認をするという順序を間違ったことも含めると、間違いを四回も犯している。**名前を確認するというときは、一言一句もゆるがせにしてはならない。**

もちろん、その彼女は新前であったかもしれないし、その日は調子の悪い日であったかもしれない。また、名前などをきちんと確認するという作業を習わしとしてから時が経過しているので、気持ちが緩んできていたのかもしれない。だが、徹底すべきことは徹底的に徹底し続けなくてはならない。

そのためには、個人としては時どき初心に返って自分自身を戒《いまし》めてみる。また組織としては「氏名確認励行週間」などを設定して、注意を喚起する必要もあるだろう。

たった一人の彼女の間違いが、その彼女のみならず組織全体の信頼性に疑問を抱かせる結果にも発展していく。

患者の一人ひとりに名前をいわせて確認するのであるから、病院側も医師から末端で働く人まで全員に、患者に接する度に名前を名乗らせるべきだろう。名札をつけているだけでは、責任感があって人に信頼される業務をする裏付けや保証にはならない。

30

相手の心に自分の居場所をつくる、この「一言」

親子や夫婦など親しい家族の間でも、殺人などの凶悪な犯罪がかなり頻発しているようだ。最も親しい間柄であるにもかかわらず、なぜそのような事態にまで至るような感情の対立が起こるのか、理解に苦しむ。利害についても、大体は共通している関係にあるはずである。

テレビドラマの世界でも、昔のような一家団欒《だんらん》の場面を中心にしたものよりも、家族崩壊をテーマにしたもののほうが多く見られる。家族の中でさえ、金銭的なことに発する利己的な動きが多くなってきた気配がある。世の中が少しずつ殺伐《さつばつ》な方向へと移って行きつつあるのは確かだ。心ある人たちも、ただ憂えるほかには術がないようである。

とはいっても、まだ多くの人たちにとって、自分の家族が大切であることに異論はない。たとえ拝金主義の考え方にまみれている人であっても、家族の生命が危険にさらされるようなことになって、家族と金との間で二者択一を迫られたら、家族のほうを大切にするはずだ。

すなわち、自分が持っている「財産」の中で、重要度の優先順位で真っ先にくるのは家族である。

自分にとって最も大切なのが家族であるように、ほかの人にとっても家族以上に大切なものはない。**自分の家族に関心を抱いて、その安否や様子を聞かれたりしたら、その人に対して親しみを感じる。**

心のやさしい人であるという思いになり、それが心を満たしてくるので安らぐ。そこで、当然のことながら、その人に対しても好意的に振る舞うようになる。

社交的な観念からは、あまり立ち入ったことを聞いたりいったりしない限りは、相手のことだけではなく相手の家族についても話題にするのが、極めて効果的だ。

家族までも巻き込んだ話をすると、話が極めて人間的なものになる。その時点では、まだ家族の全員がかかわってくる家族ぐるみの「つきあい」にはなっていない。だが、精神的には「家族ぐるみ」の交流が行なわれているにも等しい間柄になっている。

家族ぐるみになると、当人同士の関係だけではなく、家族との関係も生じてくる。それだけ人間関係の結びつきが、その強弱は別にして、いろいろと多くなり複雑に入りまじってくる。

「相手が関心を持っていること」に話を向ける

人間関係について結びつきが多くなると、そのネットワークの中にいる人たちが、ある程度ではあるが、お互いに「保証」をし合ったり「担保」になり合ったりする部分も生じてくる。それは人と人との絆がお互いに絡み合って、一層強固な関係を築き上げ維持していく結果となる。

絆があるところには強い信頼関係が生じてくる。強い信頼関係が基盤になって絆が成り立っている、といってもいい。

いずれにしても、人についてその当人だけではなく、その家族のこと、さらには友人のこと、そのうえに当人のみならず、その家族や友人のしていることや考えていることにまで、関心を広げていって気にかけるようにする。そうしていけば、その相手との精神的な結びつきは、より一層強固になってくる。

もちろん、そのような関心が単に興味本位のものであったら、相手は自分の家に土足で上がりこんできたように感じる。警戒されて敬遠される羽目になって、逆効果でしかない。

そこで、相手の話の所どころに家族などの情報が出てきたのを捉えて、そこから徐々に少しずつ近寄っていかなくてはならない。やはり、**人の心をつかむには、相手のちょっとした関心事が垣間《かいま》見えたときに、その機会を逃さないで、その点に対する自分の関心を示していく。**それが出発点である。

自分の家族は万人共通の最大関心事の一つであるから、そのような機会は何かの拍子に必ず表われてくる。

そのときに、相手の家族の名前が出てきたり、何に熱中しているとか何が得意であるとかの話があったら、それを覚えておく。後日会ったときに、ちょっとでもくつろいだ雰囲気を見つけたら、そこで相手の家族の名前をいったり特長に触れたりして、様子を聞いてみるのだ。

その結果、話をしてくれるようであったら、相手の信頼を少しであるかもしれないが勝ち得た証拠である。

相手が大切にしている家族について、ちょっとでも情報を共有しているのであるから、信頼すべき仲間の一人になったようなものだ。それは相手の心の中に入っていき、そこの端《はし》にではあれ自分の居場所を確保したことにもなる。

家族以外にも相手が大切にしている友人について、同様にして情報を共有しようとしてみる。それに成功すれば、相手の心の中にある自分の居場所の面積がさらに広くなったのだ。それだけ相手の自分に対する信頼度は高くなっている。

6章

こんな「機転」がきく人

……「小さな気持ち」を見逃さない秘訣

31

どんなときでも「相手を立てる気持ち」を忘れない

かなり以前のことであるが、今でもはっきりと覚えている二つの事例がある。離婚に際してのメディアに対する説明が極めて対照的であったので、強く印象に残っているからである。メディアの世界で活躍していて、どちらも知的な感覚に優れている二人の女性についての話だ。

一人は離婚の原因について、非はすべて相手の男性側にあるという主張をしていた。男性も知的能力が売り物の職業に従事しているのであるが、職業的な能力にも劣るし才気にも欠けていて、大いなる見込み違いであったというのだ。

子供までも儲《もう》けたのであるが、世事にもまったく疎《うと》くて家事の役にも立たない。何らの価値もない男であると、侮蔑《ぶべつ》的な言葉の数々を使ってけなしていた。

メディア関係の仕事をしていた立場をフルに利用して、自分の正当性を徹底的に訴えていた。一方の男性はメディアにも相手にされなかったのかもしれないが、表向きに反論をする機会も与えられなかったようだ。

婚約から結婚までは、カメラマンたちに追いかけられて派手に報道されていた。それに比べると天と地の違いだ。もっとも、彼が上手に逃げていたのかもしれないが。

彼女側の言い分が一方的に報じられていたが、そこで得意になっている気配さえ感じられた。それに、結婚に失敗したのを恥ずかしく思っている様子も見られなかった。

自分に男を見る目がなかった、と反省することさえしない。相手が全面的に悪いとまくし立てて、自分の正当性を主張することに終始していたのである。

結婚が男と女との間において「平和」を実現する一つの方法であって、離婚が

男と女の間における「戦争」であるというものでもないだろう。離婚も平和的な解決方法の一つであると捉《とら》えて、二人で協力する必要がある。

その女性は確かに知的ではあったかもしれないが、「知的感情」には欠けていた。人間としてはバランスを欠いていると断じざるをえなかった。メディアの表舞台からも徐々に消えていった。

もう一人の女性のほうは、離婚の原因については自分に至らないところが大いにあったというだけで、メディアには多くを語らなかった。

実際には、男性には仕事についてもあやふやなところがあり、個人的にも芳《かんば》しくない噂もあったようなので、大方の人は男性のほうに非があると考えていた。だが、そのような点にはまったく触れないで、非常に控え目な態度に徹していた。

もちろん、相手の男性の長所について語るようなことまではしなかった。そんなことをいえば空々しい響きになって、逆に芝居がかったことになる。慇懃無礼なニュアンスが出てきて、せっかくのしおらしさが打ち消されてしまう。

離婚という失敗劇を演じざるをえなかったことに対しては悔しいと思っている

はずであるが、それを抑えて恥ずかしさを前面に出していた。

離婚に至る過程においては、感情をむき出しにした言い争いもあったはずだ。しかし、そのような修羅場はまったくなかったかのように、淡々と離婚という事実のみを述べていた。

感情的になりそうなときほど、気をつける

離婚は最後には平和的解決に合意をした結果である。だが、感情的には「けんか別れ」にほかならない。その対立的な感情を片がついた後まで持ち続けるのは、当人の精神衛生上もよくない。

その感情を後々までもずっと引きずっていたのでは、それは恨みの塊《かたまり》となって心の中にマイナス要因を抱え込んでいることになる。

離婚というショックから早く立ち直るためには、過去から現在までの感情的なしこりを早く忘れるのが出発点である。

生きていく時代は過去でもないし現在でもない。これからの未来に自分自身の道を見つけたり切り開いていったりしなくてはならない。

二人の女性の中で、前者は過去を自分の有利な方向へと美化しようとしていた。だが、そのために自分の未来への配慮を怠り、感情的に振る舞ったのだ。結婚や離婚は極めて個人的なことであるから、**自分が正当化しようとすればするほど、人々はその真偽を疑う。**

一方、後者の女性は、自分の悪いところをいって、多少でも相手を立てようとした。その謙虚な姿勢によって、結局は自分自身を立てる結果になった。彼女は現在でもメディアの世界で活躍している。

32

人を羨ましがらない

ほかの人が自分よりもいい見なりをし、おいしいものを食べ立派な家に住んでいたら、その人のようになりたいと思う。そのようにして人のライフスタイルに憧れの気持ちを抱くのは、人間の自然な感情の動きである。

だが、そこでその人のことが羨《うらや》ましくなり、それが高じてその人を妬ましく思うようになるのは、単なる欲の皮が突っ張っている人である。さらに、その人のよくないところを見つけて悪口をいったりするようになると、一種の八つ当たりである。

いい生活をしている人のように現時点で自分がなっていないことを、その人のせいのように考えている。まさに幼児のように人のものを欲しがっているだけである。

人がいい生活をしている原因を考えてみれば、長い期間にわたる弛みない苦労と努力の結果であるかもしれない。また、幸運に恵まれて順調に豊かな生活を築き上げることになったのかもしれない。または、裕福な家庭に育って親の財産を相続したのかもしれない。いわゆる銀のスプーンを口にして生まれた場合である。

努力であれ運であれ、それは人の人生であり、自分にその両方が伴わなかったのであれば、現在の自分をそのまま甘受《かんじゅ》する以外に道はないであろう。単にないものねだりをして、それが適えられていないからといって、いい生活をしている人に恨みの感情を抱いたりするのは、完全にお門違いというほかない。

恨みは極めてネガティブな感情で、自分の地位をさらに低く自分を惨めにする結果にしかならない。**自分を人と比べて、社会における自分の位置がどこにあるかを知ろうとするのはいい。**

だが、それを認めたくないからといって、その欲求不満を恨みに転化して、ほかの人にぶつけたのでは、何らの解決にもならない。

視野も心も狭く陰湿な人というレッテルを貼られて、人から敬遠されるようにしかならない。「うらめしや」といって気味の悪い姿勢を見せるのは、幽霊になってからでいいだろう。

生きているうちは、マイナスだと思うことはすべて、逆にそれらをバネにして向上を目指すべきだ。

「焦り・不安・妬み」から解放される考え方

羨ましいと思う感情をマイナス方向へ向けたら、あまりにも「女々しい」。女々しいという言葉は時代錯誤的であるので、女という字を使った書き方を変えるか、死語にしてしまうかのどちらかであろう。

羨ましく思ったら、その気持ちを対象となった「人」に向けたり当てたりしない。羨ましく思った事実の「内容」へと向ける。そのうえで、その内容について点検をし分析をして、理解するように努める。内容を自分なりにではなく客観的に「消化」するのだ。

その消化したものを、自分の人生や日々の生活の糧にするべく努力してみる。それに成功すれば、そのころには羨ましいとか妬ましいとかの、自分にとって明らかにマイナスとなる感情も「昇華」されてしまっている。

一所懸命努力してきたにせよ適当に怠けてきたにせよ、現在の自分を変えることは「現時点」ではできない。すなわち、自分のありのままを受け入れる以外に術はない。少なくとも現時点においては、**「自分は自分である」と割り切って考える。自分は自分以上になることはできないが、自分以下になることもない。**

そのことを悟れば、高望みをする必要もなければできもしない。また、自分を卑下《ひげ》する必要もなければできもしない。自分の現在を否定することはできない。満足していないと思うのは、自分勝手で我がままな考え方であって、客観的な観点からは誰も認めてはくれない。

人間は感情の動物であるから、プラスの感情やマイナスの感情の渦巻きに翻弄《ほんろう》されて、その都度一喜一憂している。それらの感情をできるだけ頻繁に自分の理性という「ふるい」を通してチェックする習慣を身につける。

もちろん、それは言うは易《やす》く行なうは難《かた》しであるが、それを習慣にして癖になるように努力する習慣にするのである。

欲や望みも簡単に適えられるものはいいが、それらの非現実的な度合いが強ければ強いほど、そこでさらにマイナスの感情が増幅的に起こってくる。それでは自分が不利な情況に置かれるようになる一方だ。

もっと自分を大切にしなくてはならない。戦時中は物資の欠乏が日々深刻になってきていた。そのころ「欲しがりません、勝つまでは」という標語が掲げられていた。

重要なのは、自分が決意を固めることである。「羨ましがりません、自分の手に入るまでは」と自分にいい聞かせてみれば、自分の分《ぶん》をわきまえることになり心の平静も保つことができる。

33

「小さなこと」にも、出しゃばらない

よく気がつく女性である。一緒にエレベーターに乗ろうとするときなどに、ドアが開いて中に誰もいないのを見ると、逸早《いち》く「失礼します」といって先に乗り込む。ドアがすぐに閉まらないように、中にあるボタンを押すためだ。

小さいエレベーターの場合は、そのような装置が両側に設置されていないこともある。そんなときでも、それをとっさの間に見てとって、装置のある側に移動する。

優秀な秘書のように、自分が一緒に行動している人のために、至れり尽くせりのサービスをすることを心掛けている。もちろん、エレベーターの中のような狭い空間においては、見ず知らずの人に対しても、同じように気を使った行動をしている。

一方で、エレベーターを使ったりするときでも、特に仲間と一緒の場合は、そのような自発的な動きは一切しようとしない女性もいる。皆でしゃべるのに忙しいので、エレベーターを呼ぶためのボタンを押すことさえしない。

エレベーターの前に立てば、自分は何もしなくても自動的に迎えにきてくれるものと思っているかのようだ。まだ、そこまでの先進技術を備えたエレベーターは開発されていないのを知らないのかもしれない。

また、誰かほかの人がボタンを押してくれるものと考えている可能性も高い。いわばレディーファーストに慣れ切って、女王様然と振る舞っているのだ。

グループで行動をするときに、「誰かがしてくれるだろう」という考え方は極めて危険である。皆が同じように考える確率もあるので、そうなると「誰もしてくれない」という結果になる。

団体行動のときに、幹事役やツアーエスコート役のような人がいないと、そのようなことが起こる。自分勝手な人が多いと、その団体は「烏合の衆」と化すので、まとまりがつかなくなる。やはり、**一人ひとりが誰かがやるべきことは率先してする心構えをしておく**必要がある。

皆がそのように考えていたら、先陣争いをすることになって混乱が起こるのではないか、と考える人がいるかもしれない。だが、率先してしようとする人は、そのために神経を張り巡らしているので、自分よりちょっとでも早く行動を起こした人がいたら、直ちに気づく。そこで、矛先《ほこさき》を引くのも早い。

特にビジネス社会においては、「誰かがするだろう」という考え方は非常に危険である。それが「誰もしない」という結果になったら、組織は致命的な打撃を被るからだ。そこで、組織の中では皆がそれぞれに役割を分担して、仕事と仕事との間に隙間がないようにしている。

だが、時代の流れが変わったり想定外のことが起こったりすると、どこかに足りないところや欠落にも等しいところが出てくることもある。そのようなときにこそ、イニシアティブを取ってその空白を埋める人が必要になってくる。気がつく人の重要度は極めて高いのである。

ここに「出しゃばり」と「気遣い」の線引きがある

さて、日常生活の中で気がつく女性の話に戻る。しかしながら、何でも気がついたら率先してすればいい、というわけではない。することに名誉が伴うような場合には、すぐに手を出すのは控える。手柄を独り占めすることになってはいけないからだ。

たとえば、貴賓《きひん》や要人の近くに行って案内したり世話をしたりするときである。それまできちんと準備をしていなくて、とっさに手伝いをする人が必要になることがある。そこに何人か控えているときは、まず先輩や年上に「どうぞ」といって、その役目を担《にな》うようにすすめる。

「長幼《ちょうよう》の序あり」で、その場に際して適切な順序があり、それに従うのだ。その要人に関係がある人がいたら、その人を優先するなど、常識を働かせる必要もある。普段怠けている人は得てして、「光栄な」役割については、率先して努めようと張り切るものだ。だが、皆の目には単なる出しゃばりとしか映らない。

もちろん、その場を取り仕切っている人が「誰かいないか」などといったときは、手を挙げればいい。その人が申し出た人の中から最もふさわしい人を選んで指名するはずである。

要は、一見つまらないと思われる作業に対しては、積極的かつ自発的に率先して、その任に当たることが望ましい。**その場の情況から判断して、自分がすることに誰も異論は唱えないと思ったときには、素早く行動に移す**のである。

気を使わなくてはならないことであっても、それをすることに光栄という要素が多分にあるときは、一息入れて人に譲る気くばりも必要だ。気がついたり気をきかせたりしても、行き過ぎると出しゃばりになるので要注意だ。

34

なぜか「相談される人」がやっていること

知人の女性が憤慨《ふんがい》していた。学生時代の親友が癌《がん》の治療で入院していたのを、見舞いに行ったときのことだという。かなりの重態で緩和ケア病棟に入っていたのだが、親しい者同士なので、いろいろと話をしていたらしい。

その患者はかなり以前に夫に先立たれ、独り娘と同じ屋根の下に住んでいた。娘といっても三十歳代で、衣料品店に勤めている。母親が入院してからは、同年輩の彼氏が家に入り浸っていた。

途中で一時的に退院したときも、娘の連れ合い然として一緒に生活していた。

やさしい男性であったので、それほど抵抗はなかったのだという。

再度入院してからのことだが、女性のカウンセラーが何人かやってきて、何か悩みがあったら聞いてあげようということになった。

そこで、彼女は件の娘の彼氏について話をし、別にそれほど嫌なことはないのだが、冷凍庫に入れている自分の好きなブランドのアイスクリームを、その彼氏が勝手に食べるのが気に障る、といったのだ。

すると、カウンセラーの全員が声を立てて笑ったのだという。そのうえで、「アイスクリームの一つや二つを取ったといっても、大したことではない。気にしないほうがいい」という意味のことをいったらしい。

カウンセラーというのは、悩みを訴える人の話を聞き、精神医学などの立場から、その悩みを解消すべく助言を与えるのが職務である。

患者が訴えた悩みを大した悩みではないと否定しただけでは、患者の悩みが解消されることはない。しかも、その悩みについて笑ったというのは言語道断で、カウンセラーの風上にも置けない振る舞いではないだろうか。

人の悩みを聞くときの第一の心構えは、相手の立場に自分を置き、話を聞きながら相手の気持ちを「なぞっていく」ことにある。単なる思いやりの意味の同情ではなく、相手の心の動いていく流れに「共感」していく。

すなわち、相手の気持ちになり切ることが出発点であり、多くの場合それだけで悩みの多くの部分はなくなっている。

自分の悩みを一〇〇パーセント理解してくれて、その悩みはもっともであるといってもらったら、悩んでいる当人の心は落ち着く。悩みを聞いて、それを分析したり対応策を考えたりするのは、後から陰で腰を据えてする作業である。

相手の心を軽くする、こんな態度

人から相談を受けたときは、とにかく真剣に耳を傾けて、その人の考え方や感情を自分のものとすべく全力を傾注する。一切の知識や先入観を排して、ひたすら相手の気持ちに「同調」しようと努める。自分の価値観や意見はすべて封印する。ましてや、批判的なことをいってはならない。

途中で疑問に思うことがあっても、それについて質問したり補足的な情報を求めたりしてもいけない。そのようなことをしたら、相手の感情の流れが止まったり方向が変わったりするかもしれないからだ。相手の悩みをできるだけそのままのかたちで、自分自身も受け止めようとする姿勢が必要だ。

悩みは画一的ではない。同じようなことであっても、ある人にはそれが悩みの種となるが、ほかの人にとっては何ら問題にもならない。楽しみになる場合さえある。

当人が悩みであるといったら、いろいろと理由をいって第三者が否定しようとしても、頭ごなしにいったのでは、うまくいかない。

悩みを抱いている人を、そのまま同じ人間として認めようとしていないにも等しい姿勢だからである。それではコミュニケーションが成り立つはずがない。

「同病相憐《あいあわ》れむ」という諺がある。同じ病気で苦しんでいる者同士は、お互いの気持ちがよくわかるので、慰め合ったり助け合ったりすることができる、というのだ。その病気になっていない第三者には、その苦しみがどんなものかも正しくは理解できない。悩みについても同じである。

その悩みを経験したことのない人には、その悩みを正確に理解することはできない。相談を受けた人が過去に同じ悩みに苦しんだことがない限りは、当人に満足のいくような助言ができるはずがない、といってもいいくらいだ。

したがって、悩みの話にできるだけ耳を傾けて、当人と感情面で「一体化」するように努めるのが、できうる精一杯のことであろう。

だが、せめてその試みが成功すれば、当人の悩みはある程度ではあれ軽減されることになる。したがって、未熟なカウンセラーが悩みをちょっと聞いただけで下手に助言ないしは意見を述べるよりも、親友が親身になって話を聞いたほうがずっと効果的である。

実際に、件の患者が親友に非情なカウンセラーの話もし、親友がその悩みを一緒になって悩んでくれたとき、ずいぶんと慰められ気が楽になったことは、想像に難くない。

35

「一つの恋愛」にしがみつかない

人は知り合ってから仲よくなるまで、相手の人によって、そのスピードは異なる。最初からお互いの気持ちや考え方がぴったりと合って親しくなる場合もある。意気投合したというときだ。一方、最初はあまり関心がなかったのに、何かの拍子に気が合って親しくなる度合いが急激に高まる場合もある。

一般的には、性格や興味の対象などが共通しているときが、仲よくなる確率が高いようだ。相手が自分と同じようであるので、その思考や行動の仕方がよく理解できると同時に、予測することも容易である。そこで気が楽だからだ。

だが、人間には天《あま》の邪鬼《じゃく》的な性格もあって、人に逆らいたくなるときもあれば、同じことには飽きて異なったものを求めることもある。そこで、自分にないものを持っている人に惹かれる場合も少なくない。うがった見方をすれば、一種のチャレンジ精神である。

この同じものを求めるのと異なったものを求めるのという相反する性向があり、それらを自分自身の中でも上手に使い分けていくことができるのが、人生の達人である。

だが、それをあまりにも上手にしすぎると、世渡りの上手な人と、皮肉な言い方をされることもあるので注意を要する。人生はすべて程々であるといわれる所以である。

いずれにしても、時と場合によって、人に非難されない程度に要領よく振る舞っていく必要がある。**人生には山あり谷ありであるが、それらを越えていったほうがいい場合もあれば、そこで立ち止まって休んだほうがいい場合もある。**

その都度、自分にとってどちらが実質的と精神的との両面から有利であるかを判断して身を処していく。

そのような点を一つひとつこなしていくのが人生である。深みにはまっても、そこでさらにもがき続けてはいけない。深みだと判断したら、そこから即座に抜け出す。自分の近くにいる人に自分が深みにはまっていると指摘されたときは、直ちに人のいうことを信じて、そこから一目散に抜け出る努力をすることだ。

自分を心から思ってくれる人に「未練がましい」といわれたときは、自分が泥沼の中にいると考えていい。具体的には、自分が好きだと思う相手に裏切り行為があったり利用され続けたりしているようなときだ。

好きだという気持ち自体は純粋であるかもしれない。だが、その気持ちの根底にあるのは、客観的な事実ではなく、自分がつくり上げた幻である。

幻は架空のものであるから、さらにいくらでも自由自在に美化することができる。自分が見たくない部分を封印したり切り離したりするのも簡単だ。幻に対する未練などというものは、ほかの人が客観的に見れば、吹けば飛ぶようなものだ。

自分がつくり上げた幻影に惑わされてはならない。

✔「去る者は追わず」で局面の打開を

好きな人が自分から逃げようとしているときは、好きな相手だけにその心の中はすべて読めているはずだ。相手の心が遠ざかっていくときは、相手が自分の引力圏からかなりのスピードで脱出しているときで加速度がついている。権謀《けんぼう》術数《じゅつすう》を巡らしても、もはや引き留めるのは無理だ。

追えば追うだけ逃げようとするのは、この世の習いである。相手に追いつくためには、相当のエネルギーが必要であるし、追いついたとしても、そこから引き戻そうとするには並大抵の力ではできない。それよりは「去る者は追わず」を決めこんだほうが賢明であろう。

これまでの元を取ろうと考えたら、さらに泥沼にはまっていく。思い切って「損切り」をする決断と勇気が必要だ。**悪い状態になったところで運が悪かったときっぱり諦め、損害がこれ以上にならないように「打ち切る」**のである。

すでに損をしているにもかかわらず、その損を取り返そうとすれば、損はかさんでいく確率のほうが高い。

泥沼から這《は》い上がって、新しい生活をゼロから築き上げようとしたほうが早道だ。気分も新たになれば、前向きのエネルギーが次々と湧き出してくる。後ろ髪を引かれて、それにかかずらって陰気になるよりも、ずっと明るく人間らしい毎日になる。

逃げようとする者をまったく追わなかったら、相手は不審に思って立ち止まり振り返ってみるかもしれない。長年連れ添ったパートナーが浮気をしたようなときも、こちらが慌てず騒がず泰然自若と構えていたら、結局はそのうちに戻ってきたという例は少なくない。

観世音菩薩の大慈《だいじ》大悲《だいひ》のような大きな心を持つことは、煩悩《ぼんのう》の真っ只中にある人間にはできない相談であるかもしれない。だが、その片鱗《へんりん》にも似た心構えをするべく、**我欲《がよく》の少しでも捨ててみれば、世の中の多くのことは好転の兆しを見せるはずである。**

36

「欲しいもの」と「必要なもの」の違いがわかる人

バーゲンセールというと、すぐに女性が売り場に殺到している図を思い浮かべる。もちろん、女性が自分のことだけではなく家族のことを思っての行動である。それを女性特有の習性だと考えるのは、自分は傍観者を装う男性の偏見であるに違いない。男性としてはその点を非難されても仕方がないと思われるが。

ただ、やみくもに安いからといって買おうとするのは、賢明な人のすることではない。さまざまな理由によってこれ以上は売れる見込みがない場合、その在庫を整理しようとする。すなわち、見切り品の場合は、確かに安くなっている。

元の売り値の七割引きなどといわれると、買えば大いに得をするような気になるのも、むべなるかなである。もちろん、それが普段から欲しいと思っていて必要なものであったら、まさに僥倖《ぎょうこう》といえる。

だが、安いからといって、それまでは欲しくもなかったり必要でもなかったりしたものを買ったのでは、「大損」をしたことになる。

七割分も得をしたと思うのは大いなる錯覚である。支払った三割分の金は、元々支払う必要のなかったものであるから、それは捨てたも同然という結果になる。得をしたと思ったのは勘違いで、実は損をしたのだ。

「安物買いの銭失い」といわれている。ここでいう安物は、値段が安くて品質の劣るものという意味で、だから買ったら結局は損をすることになるという教えである。だが、この諺も拡張解釈をして理解しておいたほうがいい。

すなわち、品質がよかろうが悪かろうが関係がない。とにかく安いものや安くなっているものを買ったら損をする結果になる、と肝に銘じておくのだ。

また、商人は手を替え品を替え、あの手この手と、何とかして客の興味を惹いて客に買わせようとしている。したがって、興味があったり単に欲しいと思ったりしたからといって、すぐに買おうとするのは早計だ。それでは、商人の餌に引っ掛かったも同然で、極端な表現をすれば、商人の餌食にされたようなものだ。

賢明な人は、欲しいものと必要なものとを明確に分けて考えている。**欲しいからと思っても、自分や自分の家族にとって必要なものかどうかを考え、そのフィルターを通ったものだけを買う**ようにしている。

さらに、必要であると判断したものでも、自分がどのくらい使うかとか、本当に喜んで消費できるかどうかとかを考えたうえにしている。

かなりの頻度で使ったり、フルに消費したりすることができなかったら、それらのものが「天寿を全うする」ことなく、ゴミと化す結果になる。それは地球環境の悪化となり、現代人としては「道徳的犯罪」と考えるべき所業といっていいだろう。

もちろん、そこまで考えるのは自己に対して厳格すぎるので、常軌を逸しているかもしれない。だが、せめて時どきは、そこまで考えて自分を律していくのも、現代人として必要な義務ではないだろうか。

賢い人が選ぶのは「こんな買い物」

とはいっても、人生は一回しか生きられない。したがって、物理的には必要でなかったりすぐにゴミとなるのがわかっていたりするものでも、**自分の精神衛生上プラスになれば買うことはある。気分を変えたいと思うようなとき**だ。

そのために前向きに生きようと思ったり、目の前に立ちはだかる難局に立ち向かう勇気が出たりすれば、それは結局自分にとって必要なものだ。

同じバーゲンセールに行くにしても、予《あらかじ》め目をつけておいた商品をシーズンの終わりまで待ち、値引きになったのを買うのであれば、賢い客である。

ファッション商品は、新しいものを打ち出して、それまでのものを流行遅れにするサイクルになっている。だが、その流れにまんまと操られるのは、いかにも自主性のなさを露呈したことになる。

また、限定販売と銘打って客の心をくすぐる商法もよく見られる。一定の数量だけとしたり特定の地域や時期に限ったりして、いわば稀少価値を売り物にする方式だ。だが、これは意図的に稀少性をつくりだしている場合がほとんどである。

人の心にちょっとした波を立たせ、慌てさせようとする。冷静に構えていれば、そのような商法に釣られることはない。

本当に少量しかつくることのできないものであっても、品質のいいものであったら、人は買ってくれるはずだ。間違いなく売れるものであったら、利に聡《さと》い商人としては、つくり続けて売り続ける。

真の商人は、できるだけいい商品を、できるだけ安くして、人々に提供しようとする。できるだけ儲けようとしている商人と真の商人とを見分けるのが、賢い人の特技である。

7章

一緒にいて、「居心地がいい」人

……いつも「心に余裕」を持つために

37

人づきあいがうまくいく「金の使い方」

倹約は美徳であり、浪費は悪習である。無駄を省くことによって出費を切り詰めていくのは、小さいときから家庭が金持ちであれ貧乏人であれ、誰もが教わってきた。

また、学生時代のアルバイトに始まり社会人になって額《ひたい》に汗してみれば、金を手に入れるには並大抵の努力では足りないことがわかる。金を使うのには慎重にならざるをえない所以だ。

ローマ共和政末期の政治家キケロは、「倹約は大きな収入源である」といっている。収入が多くても浪費したら借金する羽目になり、収入は少なくても倹約する人は豊かな生活ができる。浪費は身をほろぼす元になるといって戒めているのだ。

しかしながら、倹約が重要だといっても、何が無駄な出費であるかをよくわきまえたうえで、出費をすべきかどうかを判断しなくてはならない。

一見したところは必要がないように見えても、大局的ないしは長期的な視点に立てば、自分自身にとっても役に立つ出費がある。その中の大きな費目に交際費というのがある。人とつきあっていくうえに必要な出費である。

冠婚葬祭をはじめとする、いわば義理や社交上の必要から人と行動を共にするときの出費である。それを惜しんで金を出さないでいて、周囲から白眼視《はくがんし》される雰囲気があるときは、それは倹約というよりもケチに近いものだと考えていい。

つきあいという概念は極めて曖昧である。単につきあいが悪いといわれても、必ずしもケチというカテゴリーには属さない場合もある。時と場合によって、常識という判断基準に従って考えなくてはならないので、黒白をつけるのは難しい。

これまた極めて範囲が明確でない言葉であるが、**「人並み」というのが倹約とケチとの分かれ目である。**

結局は、自分自身で豊かな常識を身につけるべく努力し、そのうえで時には人の意見や考え方も考慮しながら判断していく以外には方法がないであろう。それに「分相応」という要素も加味していく必要がある。

そのように考えたうえでも、この出費をしたほうがいいかしないほうがいいか、判断のつかないことがある。そんなときは、出費をするほうに賭ける。自分の評判が悪くならないようにと安全な道を選ぶのである。

相手がいちばん喜ぶ「お礼」の仕方

たとえば、人に何かをしてもらったとき、どのようにして謝意を表したらいいかと考えることがある。単に礼をいうだけで十分な場合もある。相手が特別な厚情を示して、多大な時間とエネルギー、それに経費までも使ってくれることがある。そのために自分が多大の恩恵を被ったとしたら、やはり金品を贈ってさらなる謝意を表したほうがいいと考えるだろう。

もちろん、自分が貧乏学生のときであれば、丁重に礼をいうだけでもいい。だが、その場合でも心の中では、その恩を忘れないで「出世払い」的なことをしようと、決意するくらいでなくてはいけない。

また、たとえ主婦であっても、家庭に収入があってそれなりの生計維持ができているときは、ある程度は金品を贈ることも考える必要がある。もちろん、無理をしないで自分のできる範囲内に留めておくというバランス感覚を失ってはならない。

相手が与えてくれた恩恵と、それに対して表明する謝意との間に「公正」が保たれていることが重要である。さらに、自分の謝意をかたちに表したものが、自分の「分」に相応しているという必要もある。

それらの要素の間にあるバランスが崩れたときは、倹約の範囲を越えて、ケチの方向へと近づいたり、浪費の方向へと進んでいったりする結果になるのだ。

交際費の使い方が適正で要を得ている人は、人づきあいが上手で人の心を温かくする術を知っている。皆に好かれ信頼され、何かの拍子には頼られる存在である。その心の温かさに人が引き寄せられるので、常に人に囲まれていて寂しい思いをすることはない。

最近垣間見た交際費の使い方の上手な女性の例を挙げてみる。地下鉄から上がってきた道路脇に、焼き芋《いも》を売っている屋台が出ていた。私の家の近所なので時どき見ていたが、通りすがりに道を聞くだけの人が多く、売っている人がぼやいているのが耳に入ってきていた。

美術館へ行く道を聞いた後で、一人の女性が「お芋を一つ」といって芋を買っていた。そのときの情況から見て、明らかに道を教えてもらったことに対する謝意の表われであった。

買ってもらった人の顔が嬉しそうに輝いていた。もちろん、芋の好きな人であったとも思われるが、美術館の中を持ち歩くのは厄介《やっかい》であるはずだ。その、**お礼をしようとする行為に人情味が溢れていた。**

38

「貸し借り」をつくる心の余裕

女性同士が外で食事をしたりお茶を飲んだりするときは、割り勘にするのがほとんどのようだ。特に昼食時には、主婦と思われる人たちが何人かで一緒にいるのを見掛ける場合が多い。

食事が終わると、勘定書を見て合計額を人数で割って一人分の金額を出す。それを誰かが皆から徴収《ちょうしゅう》して店に支払っている。誰が何を食べ何を飲んだかによって、それらの金額が異なるときは、それぞれの割り前を払う場合もある。

だが、二人で飲食をするときは、どちらかが支払いをすることもあるようだ。

そんなときに、一人が「今日は私が払うから」というと、もう一人が「では、次のときは私が」などといっている。頻繁に会う機会のある人たちであろうと想像される。

毎回同じような店で同じような飲食をするのであったら、そのような方式も割り勘にするのと同じような結果になる。いわば、「時間差割り勘」である。対等な立場でつきあっている者同士にとっては、公正な方法であるといっていいだろう。

その場で割り勘にするのは、そこでお互いに貸し借りがない状態になるので、後腐《あとくさ》れがない。だが、皮肉な見方をすると、そこで縁が切れてもいいと考えているともいえる。人間関係の観点から見れば、あまりにも味気ない。

友人同士であったら、お互いに助けたり助けられたりしている。金銭的な貸し借りはなくても、労力的な面や精神的な面において、貸しがあったり借りがあったりしている。それを一つひとつ数え上げたり計算したりしないだけだ。

頭の中で大雑把《おおざっぱ》に、大いに世話になったこととか最近助けてもらったこととかを覚えているくらいである。自分が友人の力になったこともいくつかあるはずだ。

それらを客観的な観点に立って一つずつ洗い出してみたら、その友人との間に「貸借表《たいしゃくひょう》」のようなものができるはずだ。だが実際にはそのようなことをする必要もない。**「お互いに」尽くし尽くしてもらったという「関係」があるだけで、十分**であるからだ。

✔いい「友人関係」をつくるコツ

友人との貸借表のようなものを考えるようになったら、友人との関係を功利的に見ている証拠である。損得勘定の要素が入ってきたら、それだけで友人関係には亀裂が入ったと考えていい。

今日はあなたが支払ったので、この次は私が支払うというのは、確かに公正を期すためにはいいかもしれない。だが、それをあまりにも厳密にして機械的になってくると、友人同士の間柄に「味」がなくなってくる。

私にも経験がある。仕事の関係で知り合った人だが、彼の会社が私の事務所の近くに移転してきたので、時どき昼食を一緒にしようということになった。お互いに誘い合って何回か会い旧交を温めていた。勘定は自然に代わる代わる支払うようになっていた。

ところが、ある日食事が終わりそうになったところ、彼が一所懸命に考え事をしている様子なのだ。不審に思って、何か心配事でもあるのかと聞いた。するとこ、「前回はどちらが勘定を払ったのかを思い出そうとしているのだが、どうしても思い出せない」という。

その日に彼と私のどちらが支払うべきかを真剣に考えていたのだ。それを聞いた途端、私の彼に対する気持ちが一気に冷えてしまった。

私たちの交友関係に冷水を浴びせかけたに等しい効果があった。どちらかが何回多く払おうと、友人同士の結びつきにとっては些細《ささい》なことだ。

もしかすると、彼は多く払いたくなかったのかもしれないし、私のほうが多く払い、それによって自分が借りをつくることになるのを恐れていたのかもしれない。私がそのように下種《げす》の勘繰りをする羽目になったことにも嫌気がさした。以後、私たちが昼食を一緒にする機会はなかった。

比較的に親しい間柄においては、金銭の貸借はきちんと清算する必要はあるが、助けたり助けられたりとか奢《おご》ったり奢られたりとかは、入り組んでいるままにしておく。

奢られたら借りがあるのだが、それをすぐに返す必要はない。意識下のどこかに恩に思う気があれば、それが友人同士の結びつきである。

すぐにお返しをしようとしたのでは、友人同士でいたくないという意思の表明であると解釈されて、縁が切れる結果になる恐れがある。それよりも、心理的に恩に思う気持ちを抱え続けて、より一層の深いつきあいを目指したほうがいい。

精神的に貸しをつくった側としても、それを取り立てようとしないで、そのままにしておく。それが縁をつなぎ続けるコツだ。もし借りた側が逃げたとしても、それだけの人であったという証拠だから、早く縁が切れてよかったと思えばいい。

39

「言わなくていいこと」は口に出さない

見てはいけないものを見た、という表現がある。人が密かにしていたのを偶然に見たようなときだ。たとえば、自分はたばこは吸わないといっていた人が怪しげな場末のバーで若い男性と一緒に酒を飲みながら、紫煙《しえん》をくゆらせていたのを目にした場合である。

しかも、夫のある身であるにもかかわらず、ほかの男にしなだれた格好をして話に夢中になっている。そのような場所にいるのも意外であるし、普段の奥様然とした様子とはまったく異なった雰囲気を醸し出している。

そこへ寄っていって声を掛けたら、相手はびっくりして困惑の極に達することは目に見えている。したがって、心の底には意地悪な気持ちが潜んでいても、そんなことはできない。

また、その事実を誰かに告げ口したいという思いもないわけではないが、それも抑える。誰かにいえば、その人も誰かにいうであろうから、そのうちに周知の事実になってしまう。

それが万が一にも、彼女の夫の知るところになったら、一波瀾《ひとはらん》あることは間違いない。そのようにして平穏無事な日々を送っている家族を不幸な目に遭わせる必要はない。

結局は、その場をそっと立ち去る。そのうえに、自分が見たことはなかったことにして、忘れようと努める。もしかしたら見間違いであったかもしれない。そのように考えていたら、時間の経過とともに、自分の見たことが目の錯覚であったに違いないと確信するようにもなる。

見たと思った人が自分の知っている人ではなくて、よく似た別人であったかもしれない。たばこを吸っているように見えたが、その紫煙は手前にいた人が手にしていたたばこからのものであったかもしれない。しなだれかかっているように見えたが、実際には、その時たまたま上体がよろけただけだったのかもしれない。

となると、すべてが幻であったことになる。それを信じたうえに、人にいいふらしたりすれば、これほどの軽挙妄動《けいきょもうどう》はないことになる。さらに、自分自身も何かの拍子にではあれ、友人とそのバーに入っていったのだ。怪しげなところに行った自分の誇りにも疵がつくのではないか。

天につばきするのと同じ結果になる。**人の所業《しょぎょう》をとやかく吹聴すれば、結局は自分自身も疑われ不利を被ることになる。**「君子危うきに近寄らず」を決めこんだほうが、身の安全を保つことができる。

「見て見ぬふり」ができる、融通がきく人

大勢にそれほど影響のないことに関しては、人のことについては、たとえ事実

であると思ったことでも、「見ざる聞かざる言わざる」を守る。すなわち、人の短所は見ない、人の非は聞かない、人の過ちはいわないを励行するのだ。

事実は事実として公にするというのは、科学など学問の世界における姿勢である。また、法の裁きに関係する場でも、自分が真実であると信ずることは、どこまでも主張する必要がある。

しかしながら、日常生活における人間関係の場においては、すべて杓子定規《しやくしじようぎ》にはいかない。曲がっているものも真っ直ぐに見立てたり、真っ直ぐであるものも曲がっていると見立てる必要もある。

すなわち、事実さえも曲げたり隠したりすることによって、自分のみならず人の人生や日常生活も滞りなくスムーズに運んでいくようにする柔軟性がなくてはならない。日々のあらゆる場面で、大きな正義に支障を来すことのない限り、「融通」という技術を働かせるのである。

誰でも白日の下に連れ出して洗いざらいチェックしてみれば、古疵も沢山あれば、真新しい疵もいくつか見つかる。すねに傷があろうと背中にあざがあろうと、それを皆に教えても自分に何らの得もなければ、世の中に何らのプラスになることもない。

武士ならずとも人間は相見互《あいみたが》いで、皆同じ立場にある。お互いに傷つけ合うよりも、思いやりの気持ちを忘れないで助け合ったほうがいい。何か人のマイナスになる点を見出したり指摘したりすれば、相対的な観点からすれば、その分だけ自分のプラスになったような気になるかもしれない。

だが、それも全知全能の神のような存在から見れば、どんぐりの背比べでしかなく、次元が低い点においては何ら変わるところはない。

同じ低次元でエゴの塊に左右されてうごめき合うのであったら、**短所や非や過ちをいちいちことごとしくあげつらわないで、補い合ったほうがいい**だろう。その一つの方法が、見て見ぬふりである。

もちろん、法や道徳に大きく反して、社会の公正にもとるようなことは許すべきではない。さもないと、この世は危険が多くなり平和と安全が大きく脅かされることになるからである。

40

「上質なもの」に囲まれて生きる

猫も杓子もというほどではなくなったが、バッグなどをはじめとする各種のブランド商品は、街中で依然として多くの人たちが持ち歩いているのを目にする。

ほかの商品よりは高価であるから、持っていると格好もよく自分に箔《はく》がついたような気になる。それと、多くの人が持っているので、自分が持っていないと仲間外れにされたようにも感じるからであろう。

皆といっても、いわば一部の人たちで高級品を買えるクラスだ。その仲間入りをしている証拠にもなるので、適度の自尊心を持ち続けて卑屈にならないでいることができる。だが、上のクラスであるからといっても、かなりの数の人たちがいるので、自主的な立場からは程遠くなっている。

そこで、個人の自由と独立を尊重し自らも主張しようとする人は、原則的にはブランド商品は使用しない主義を貫いている。しかしながら、ブランド商品は品質やデザインについて一定のかなり高い水準を保っているのが多いので、それらをまったく避けるという姿勢は取っていない。その点に関しては、フレキシブルに構えていて、いいと思った商品を買って使うのにやぶさかではない。

自分の身なりを整えるときには、常に大切なポイントをいくつか考えて、それらに外れることのないように心掛けている。

まずは、衣服やアクセサリーなどの間に調和が取れていることである。それらを色彩の要素からきれいにマッチさせ、素材についても同じようなものにしたり異質のものにしたりして、バランスが崩れないようにしている。

もちろん、着るものから持つものまで、すべて清浄無垢にして、その点検を怠ることはない。いくら上質なものでも薄汚れていたのでは、せっかくのおしゃれが台無しだ。きれいで高級なハンドバッグであるにもかかわらず、マチのところにほこりが溜まっているのを見たりすると、幻滅の悲哀を感じることになる。

さらに、**その日に自分が身を置く環境にふさわしい服装にする。**重要度の高い仕事の場に臨むときや、初対面の人に会うときは、相手に敬意を表して落ち着いた雰囲気の地味目な身なりを心掛ける。決して場違いにならないようにと気をつける。

以上のように入念な気配りをしたうえで身なりを整えたら、引け目を感ずるところは一つもない。胸を張ってどこへでも行けるし、どこから誰に見られても臆することはない。自信満々とした態度で、何に対しても積極的に取り組んでいくことができる。

✔「ワンランク上の人」を目指すために

そのように考え、そのような行動様式に従っていると、自然に身なりのスタイルが独自なかたちに形成されてくる。非常に優れた意味で「その人らしい」というスタイルが確立され、人々が抵抗なく受け入れるようになるのだ。

ファッション商品を選ぶ目も、さらに洗練されてくる。自分が好きなものを選んでも、客観的に見てまったく遜色《そんしょく》のないものになっている。ファッションセンスの軸がぶれることはないのだ。

ブランド商品であるからとか高級品であるとかいっただけでは、惑わされることなく、自分の目で本物かどうかを見分ける力がついてきている。自分が筋を通しているうちに、鑑識眼が備わってきたのである。

もちろん、単に格好がいいからとか面白いからといって、偽物を買ったり身につけたりすることはない。いったん偽物を受け入れてしまったら、自分の世界が崩れたり俗悪なものに変質してしまう危険性がある。それを怖れている。

上に上がっていくには、弛みない努力を続けて修行をしなくてはならない。多大の時間とエネルギーを必要とする。重力という下に向かって働いている力に抗して、それに打ち勝たなくてはならない。

一方、下に下がっていくのは至極簡単だ。ちょっと気を弛めただけで、ストンと落ちてしまう。堕落するには努力を止めるだけでいい。天使が落ちるというのは聞いたことがあるが、地獄の番人が天に上がったというのは聞いたことがないのも道理だ。

いずれにしても、**本物の人は自分を本物に仕立て上げて、本物のものや人とつきあう。**偽物には手を触れようともしないし、近くに寄ってくることも拒否する。物理的なスタイルに始まって、精神的なスタイル、すなわち心の持ちようや行動の規範のかたちについても、自分に独得な方針を貫いていく。

本物の人はカタチもココロも、筋が通っていて「真」と「善」と「美」のカテゴリーに入るものだけを目指している。本物の価値を追い求めているのである。

41

ミーハーにもなる

テレビ番組の内容が通俗化してきている。もちろん、知的にも高度で志の高いものもあって玉石混交でもあるが、間違いなく玉は少なく石が圧倒的に多い。もっぱら一般大衆に迎合して、その娯楽と慰安に焦点を当てている。

テレビが普及し始めるころであったが、当時有名であった社会評論家が、テレビは「一億総白痴《はくち》化」を招くものだといったが、まさに喝破《かっぱ》というべき名言である。内容が低俗であって、人々の想像力や思考力を低下させるメディアであることを指摘したのだ。

もちろん、テレビの業界の中でも、内容の高度化を目指して教育的かつ啓蒙《けいもう》的な番組を提供している心ある人たちはいる。

だが、多勢に無勢である。通俗化の流れはいかんともし難い。スイッチを入れれば、あちこちの画面で下らないとか下品とか、上中下で評価するとしたら「下」に属する番組が目に入ってくる。お笑い芸人と称される人たちや、それに類する人たちが、「席巻」という言葉がふさわしいほどの活躍ぶりである。

もちろん、凶悪な犯罪を報じるニュース番組に比べれば、まだそのほうがいいかもしれない。また、世界や日本においてトップに立つ政治の世界で繰り広げられている、エゴに基づいた数々のせめぎ合いのニュースを見るよりは、心が痛まないだけ、まだいいともいえる。

同じく政治の場で次々と演じられている茶番劇を見るよりも、多少は息がつける思いをする。

この茶番劇は劇という名で呼んでも、現実の世界で起こっていることであるから、私たちの生活に直接影響してくる。日々の暮らしや子供たちの将来に対してマイナスの結果となるので、腹立たしい限りだ。

一方、娯楽としての茶番劇は架空のものであるから、それをつまらないと思っても、その場限りであって深刻な禍根《かこん》を残すものではない。その点では現実の茶番劇に比べると、まだ救いがある。

民間のテレビの場合は、商業として成り立たなくてはならないので、大衆の受けを狙っても、ある程度は仕方がない。

だが、事実上の国営テレビまでが、ミーハーに迎合する傾向がある。真面目なニュース番組においてさえ、アナウンサーがふざけて笑いを取ろうとしている場面を見る。お笑い芸人の、それも下手な真似をするのだ。

人生に笑いの要素は必要である。**笑いがあったほうが精神衛生上もいいといわれている。大いに笑うのはいいのだが、やはり四六時中無理やり笑わされたのでは、それこそ想像力と思考力が衰えてしまう。**ユーモア、ないしはできるだけユーモアに近い笑いを目指したり歓迎したりするべきであろう。

✓一歩下がって、話を合わせられる人

同じチでも、人間にとっては「痴」より「知」や「智」がいいに決まっている。大人になっても「稚」であったのでは、「恥」になるのではないか。

知的な人は、知識を身につけ智慧を絞りながら、日々自らの研鑽《けんさん》に励んでいる。自分を高めようと常に前向きに努力しているのだが、そうかといっても、時どき横や後ろを見るのも忘れない。ほかの人たちとも歩調を合わせたり、後ろにいる人たちへの配慮も欠かさない。

自分勝手に一人で偉ぶったりお高くとまったりすることはない。夏目漱石の作品である『草枕』の冒頭の一部にある「智に働けば角が立つ。情に棹《さお》させば流される」という言葉をモットーにしている。

智に従って論理を押し通そうとすれば、どこかで人とぶつかることになって、つきあいが円滑にいかない。時には人に話を合わせる。相手の気持ちになってみ

て、心と心のふれあいを図るのである。

したがって、通俗なものだからといって、それを頭ごなしにバカにするようなバカな真似はしない。**相手の話に耳を傾けて、その興味のキーポイントに波長を合わせてみれば、その心情を理解することができる。**時にはミーハーになってみようとする。そこで守備範囲がさらに広がっていくのだ。

といっても、情に流されたのでは、自分が目的としているところに到達することができない。そこで、相手の心の働きを辿っていきながら、よりよい方向へと徐々に誘導していこうとする。一緒に向上していこうとする姿勢である。

自分の智と情と相手の智と情とが融合することのできる接点がどこかにある。同じ人間であるから当然のことである。その接点を探りながら試行錯誤を重ねていく。その過程が人と人とのつきあいであり、お互いの人生行路である。その出発点は人の心を自分の心でなぞっていこうとする試みにある。

（了）

本書は、小社より刊行した『なぜか「好感を持たれる女性」の生き方』を、文庫収録にあたり再編集のうえ、改題したものです。

なぜか感《かん》じのいい人《ひと》が気《き》をつけていること

著者　山﨑武也（やまさき・たけや）
発行者　押鐘太陽
発行所　株式会社三笠書房
〒102-0072 東京都千代田区飯田橋3-3-1
電話　03-5226-5734（営業部）03-5226-5731（編集部）
https://www.mikasashobo.co.jp
印刷　誠宏印刷
製本　ナショナル製本

 ISBN978-4-8379-6978-5 C0130

王様文庫

王様文庫

つい、「気にしすぎ」てしまう人へ

水島広子

こころの健康クリニック院長が教える、モヤモヤをスッキリ手放すヒント。◎「他人の目」が気にならなくなるコツ　◎「相手は困っているだけ」と考える　◎「不安のメガネ」を外してみる……etc.　もっと気持ちよく、しなやかに生きるための本。

いちいち気にしない心が手に入る本

内藤誼人

対人心理学のスペシャリストが教える「何があっても受け流せる」心理学。◎「マイナスの感情」をはびこらせない　◎〝胸を張る〟だけで、こんなに変わる　◎「自分だって捨てたもんじゃない」と思うコツ……etc.「心を変える」方法をマスターできる本！

ちょっとだけ・こっそり・素早く「言い返す」技術

ゆうきゆう

仕事でプライベートで——無神経な言動を繰り返すあの人、この人に「そのひと言」で、人間関係がみるみるラクになる！　＊たちまち形勢が逆転する「絶妙な切り返し術」　＊キツい攻撃も「巧みにかわす」テクニック……人づきあいにはこの〝賢さ〟が必要です！

K30540

王様文庫

眠れないほど面白い『古事記』

由良弥生

意外な展開の連続で目が離せない！　「大人の神話集」！　●【天上界vs.地上界】出雲の神々が立てた〝お色気大作戦〟　●【恐妻家】嫉妬深い妻から逃れようと〝家出した〟神様　●【日本版シンデレラ】牛飼いに身をやつした皇子たちの成功物語　……読み始めたらもう、やめられない！

眠れないほどおもしろい「密教」の謎

並木伸一郎

弘法大師・空海の息吹が伝わる東寺・国宝「両界曼荼羅図」のカラー口絵つき！　真言、印、護摩修法、即身成仏……なぜ「神通力」が身についてしまうのか？　密教の「不可思議な世界」を堪能する本！　「呪術・愛欲の力」さえ飲み込む驚異の神秘体系をわかりやすく解説！

眠れないほどおもしろいやばい文豪

板野博行

文豪たちは、「やばい！」から「すごい！」　◇炸裂するナルシシズム！　「みずから神にしたい一人だった」　◇「女は『神』か『玩具』かのいずれかである」　◇「純愛一筋」から「火宅の人」に大豹変！　◇なぞの自信で短歌を連発！　天才的たかり魔……全部、「小説のネタ」だった⁉

K30561

王様文庫

気くばりがうまい人のものの言い方

山﨑武也

「ちょっとした言葉の違い」を人は敏感に感じとる。だから…… ◎自分のことは「過小評価」、相手のことは「過大評価」 ◎「ためになる話」に「ほっとする話」をブレンドする ◎「なるほど」と「さすが」の大きな役割 ◎「ノーコメント」でさえ心の中がわかる

好かれる人のちょっとした気の使い方

山﨑武也

会話がはずみ、さわやかな印象を残す話し方・行動術とは？ ◎「なるほど」「そうですか」という一言の力 ◎誰にもある「もてはやされたい気持ち」を理解する ◎相手の「真意」を汲み取った受け答えを ——相手の心にプラスの刺激を与えるノウハウが満載の本。

心が「ほっ」とする小さな気くばり

岩下宣子

「気持ち」を丁寧に表わす65のヒント。 ◎人の名前を大切に扱う ◎手間をかけて「心」を贈る ◎ネガティブ言葉はポジティブ言葉に ◎相手の「密かな自慢」に気づく ◎「ありがとう」は二度言う ……感じがよくて「気がきく人」は、ここを忘れない。

K30562